競合プレゼンの教科書

The Methodology for Winning a Pitch

勝つ環境を整えるメソッド100

コンペ／ピッチ／公募／
プロポーザル／企画競争入札

鈴木大輔
DAISUKE SUZUKI

宣伝会議

はじめに

「競合プレゼン」に勝ちたいあなたへ

本書のタイトルに少しでも「ピクッ」と反応した方は、発注側か受注側かはさておき、お仕事の中で、何らかの形で「競合プレゼン」に関わっているのではないでしょうか。そのような方はぜひ、本書を読み進めてみてください。きっとお役に立てると思います。

「ピクッ」と身体が硬直し、心臓がギュッと締め付けられた方がいたとしたら。想像するに、受注側として「競合プレゼンに勝てない」という、深いお悩みを抱えた方でしょう。負けが続き、気力も体力もすり減らしているかもしれません。そのような方は、一刻も早く本書を読み込んでください。きっと助けになれると思います。

「素晴らしい提案でした。でも今回は他社さんに決めました」

競合プレゼン敗退の連絡とともに、何度このセリフを聞いたことでしょう。提案を褒められたのに不採用。渾身の企画書だった。満足のいく提案ができた。確かな手応えがあった。でも勝てなかった。自分には何が足りなかったのか？　もはや自分にできることはないのではないか？　そう思い悩んでいるビジネスパーソンも多いでしょう。かくいう私も、そんな悩みを抱えたひとりでした。

あなたの周りにもいませんか？　飛び抜けた提案プランをつくれるのに、どうも上手く採用に至らない人。「あの人は職人気質だからね」「提案の良さを理解してもらえなかったね」なんて言葉で慰められているかもしれません。逆に、毎回飛び抜けた提案プランを連発しているわけではないのに、高確率で採用される人もいます。「営業力があるね」「百戦錬磨だね」「本番に強いね」なんて言われているかもしれません。では、その差はどこからくるのでしょうか？

実は、「競合プレゼンに勝てない」と悩む人が、気づいていないことがあります。それは、**競合プレゼンに勝つための方法論には、2種類ある**ということ。そして、多くのビジネスパーソンは、その片方の習得しかしていないのです。

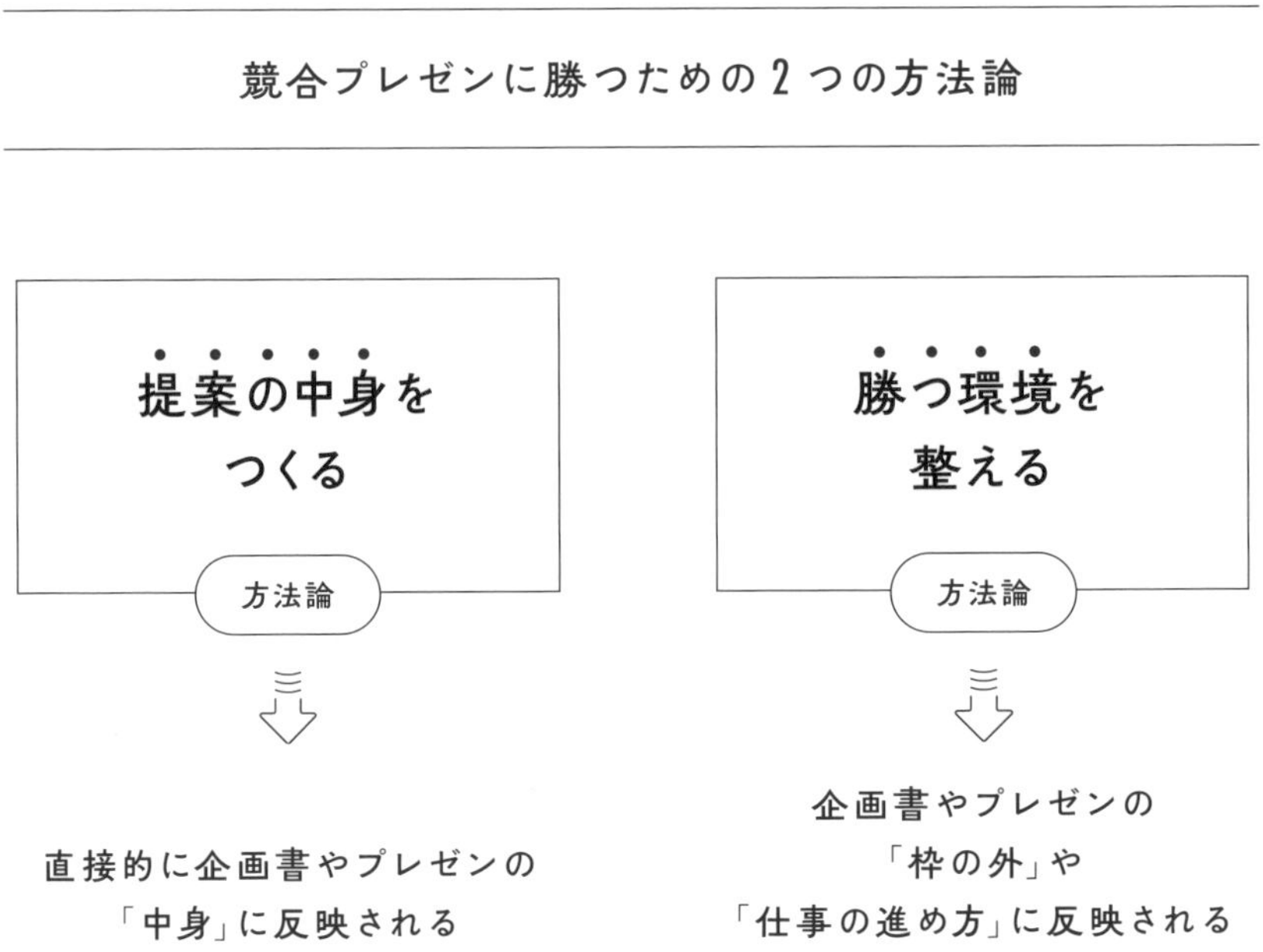

競合プレゼンに勝つための2つの方法論

提案の中身をつくる方法論

競合プレゼンのお題に直接答えるための方法論。課題設定力、戦略構築力、ロジック構築力、企画術、アイデア発想術、プランニングメソッド、企画書作成術、プレゼンテクニックなど。体系立てられた理論があり、書籍や講座多数。直接的に企画書やプレゼンの「中身」に反映される。

勝つ環境を整える方法論

勝つ環境を整え、純粋に提案の中身で勝

負できるところまで、チームを引き上げるための方法論。現場で培われた実践的な知識・経験から導かれる。企画書やプレゼンの「枠の外」や、「仕事の進め方」に反映される。負ける理由＝不採用理由を潰すために活用される。

そして、**あなたが（手っ取り早く）競合プレゼンの勝率を上げるために身につけるべきは「勝つ環境を整える方法論」**であるというのが、本書の主張です。

あなたが勝てないのは「勝つ環境」を整えていないから

多くの人は、競合プレゼンの敗因を「提案の中身でライバル社と差がついたから」と結論づけようとします。私が講師を務める宣伝会議の教育講座での話ですが、何も事前情報を与えずに、受講生に競合プレゼンの敗因分析をやってもらうと、7〜8割は「提案の中身の理由」を挙げます。「ターゲット設定のミス」「戦略の方向性違い」「企画がつまらなかった」「プレゼンに一貫性がなかった」などなど。言い換えれば「もっと個々人の能力が高ければ勝てた」と結論づけているのです。真面目でストイックな分析で好感が持てるという見方もありますが、もう少し「能力以外のせいにしても良いのになぁ」と、私なんかは思ってしまいます。

競合プレゼンの敗因分析２つのタイプ

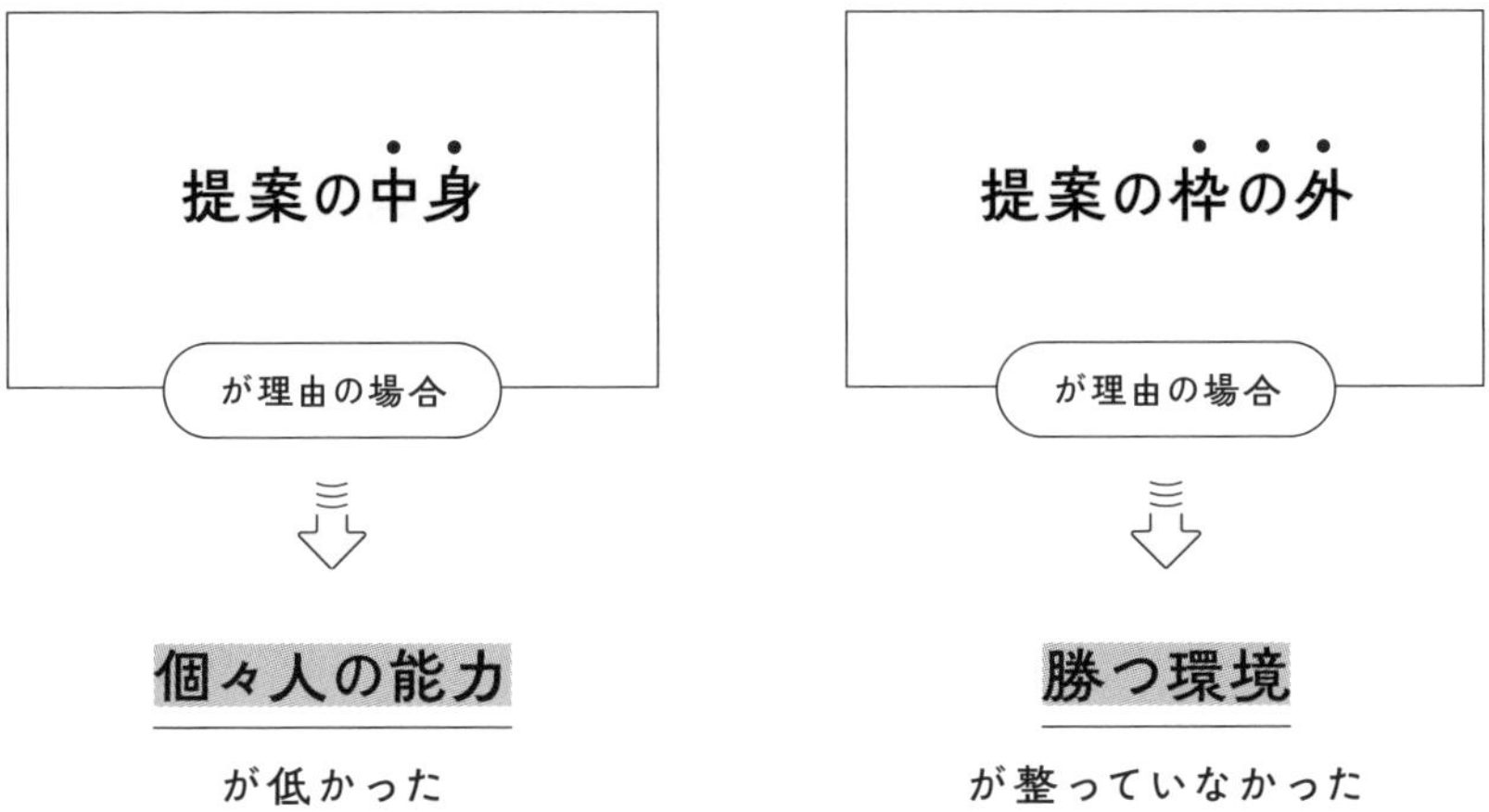

実は、競合プレゼンの敗因には「提案の枠の外の理由」もたくさん存在します。ライバル社との「中身勝負」に持ち込めているならまだマシで、多くの場合、そこに持ち込むまでもなく負けています。**提案の中身をいくらつくり込もうが、そもそも勝つ環境が整っていなければ、土俵に上がった瞬間に負けは決まっている**のです。

「知らなかったから負けました」は、もうやめよう

競合プレゼンは、今や広く一般的に浸透している商習慣です。当然、受注を勝ち取るために、日々研鑽を積んでいるビジネスパーソンも多いでしょう。しかしながら、その多くが「提案の中身をつくる方法論」

の習得に、たくさんの時間を割いています。「〇〇は課題設定が9割」「マーケティング〇〇ストラテジー」「勝てる企画のつくり方〇〇選」「最新プランニング〇〇メソッド」「新市場を創造する〇〇モデル」「魅せるプレゼンテクニック〇〇の法則」などなど。既存のビジネス書や講座のタイトルを見れば、その偏りは明らかです。勝つための準備としてはまったく間違っていませんが、習得にはそれなりの時間がかかります。

圧倒的に「勝つ環境を整える方法論」が足りない。その存在にすら気づいていない。それが私の問題意識です。知識や経験が特定の個人内に偏在し、暗黙知化している、と言っても良いでしょう。提案の中身をつくる方法論と同様、競合プレゼンの勝敗に強く影響するにもかかわらず、それを網羅した書籍は見当たりません。たまにネットで見かける競合プレゼンの経験則も、どこかコラム的と言いますか、個人の狭い経験範囲に留まっている印象です。まして、会社は教えてもくれません。

何も知らずに、いきなりプロの試合に放り込まれる。必要な知識をあらかじめ装備することもなく、試合巧者に挑んでいく。そして、手痛い敗北と引き換えに、少しずつ少しずつ、自分の中に知見を蓄積していく。皆さんが、皆さんの会社が、競合プレゼンでやっていることは、まさにこれなのです。

知っているだけで、未然に防げる失点がある。勝敗に直結する要素がある。なぜそれを、会社は事前に教えてくれないのだろう？　なぜ隣の部署と同じミスを犯し、失注を繰り返すのだろう？　受注を勝ち取れるようになるまでに、どれだけの損失を支払うのだろう？そんな疑問が、本書を書こうと思った動機です。

こんな方におススメ

業界問わず、競合プレゼンに勝ちたいすべての方

申し遅れましたが、私は広告会社の者です。広告業界は、毎日のように競合プレゼンが実施されている、事例の宝庫です。そして、そこで磨かれ蓄積された、実践的な「勝つ環境を整えるメソッド」を、たくさん集めたのが本書です。事例こそ広告業界のものが中心となりますが、そこから抽出された実践的なメソッドの数々は、**業界を問わず広いビジネスシーンで活用できるものばかり**です。広告業界にしか通用しない、特有の知見を集めた本ではありません。広告業界はもちろん、制作／デザイン／コンサル／商社／建築／設計／システム／通信など、競合プレゼンが頻繁に行われる業界の方々が、必ず知っておくべき内容を網羅しています。

ビジネスパーソンとして、さらなる成長を目指す方

競合プレゼンは、ある意味で過酷なビジネス環境です。限られた時間と情報の中で、多くの意思決定をし、他社と競いながらゴールまで一気に駆け抜ける。心身ともにタフな戦いを強いられる「接戦」が、競合プレゼンです。だからこそ、そこで磨かれたスキルは「接戦を制する技術」として、通常業務／指名業務（既に発注の指名があった業務）にも必ず活かせます。「競合プレゼンに勝つ」というのは、近視眼的な目標設定に聞こえがちですが、プロセスの中で身につけた**「接戦を制する技術」は、ビジネスパーソンとしてのあなたの成長に、大きく貢献する**ことは間違いありません。

職種問わず、勝利体質を手に入れたい方

あなたの職種は問いません。業界により呼び方は違いますが、担当クライアントの責任者で、社内のプロジェクトチームを率いる「営業職」も、専門的な技能を持ち、案件に応じてアサインされる「スタッフ職」も、どちらにとってもお役に立てる内容になっています。営業として、**常に勝てるチーム**をつくりたい。独立も見越して、**勝負強いスタッフ**に

なりたい。マネジメントとして、**常に勝つマインド**を社内に根づかせたい。そんな方々にもおススメです。基本的には会社組織に所属している方を想定していますが、フリーランスや個人事業主の方々も、他の会社のチームメンバーに組み込まれて、競合プレゼンに取り組むこともあるかと思います。そんな状況でも確実に成果を出すためのヒントになればと思っています。

若手から中堅は特に、もちろんベテランも

本書は、競合プレゼンにまつわる実践的な知見を集めた書籍です。提案の中身をつくる方法論は日々鍛錬しているけれども、なぜか勝てない。今の担当領域ではそこそこ勝てるが、他領域になったら勝ち方がわからない。情熱はあるけれど、どう頑張ればいいのかわからない。そんなお悩みを抱えた、若手から中堅のビジネスパーソンに、ぜひ読んでいただきたいです。もちろん、経験豊富なベテランの方も、自身の仕事の進め方が正しいのかのチェックになります。日々の仕事の振り返り、スキルの棚卸しの意味も含め、ぜひご活用ください。

競合プレゼンに悩む、クライアント側の方も

基本的に本書は、受注側、つまり、競合プレゼンに参加して、何とか自社に勝利をもたらそうと頑張る方々に向けた内容になっています。発注側、つまり、競合プレゼンを開催し、複数社から提案を受け、発注先を決定するクライアント企業の方々に、「どうやったら良い競合プレゼンが開けるか」を、直接的に指南する本ではありません。しかしながら、競合プレゼンの運営、良いオリエンのつくり方、ベストなパートナーや提案の選定方法に悩むクライアント企業も多いはず。そんなとき、受注側がどんなことを考えているか、あるいは、受注側からどう見られているかを知るのは、発注側にもメリットがあると思います。なぜなら、**発注側と受注側の認識には大きなズレがあり、そのズレを埋めることで、競合プレゼンの質はより高まる**からです。

「勝つ環境を整えるメソッド」を結集

本書では、競合プレゼンの勝ち負けを研究し、**接戦を制する技術やノウハウを結集**しました。競合プレゼンにおける受発注の心理学から、オリエンから提案までの時間の過ごし方、負けフラグに敏感になるための視点、泥臭く勝ちを拾いにいくゲリラ戦術など、勝て

るビジネスパーソンになるための方法論を集めています。それらを総称し「勝つ環境を整えるメソッド」と銘打っています。

また本書は、先ほどの分類で言う**「提案の中身をつくる方法論」を伝授するものではありません。**そこをご期待の方は、そっと本書を置いてください。この分野では既に素晴らしい書籍や講座がいくつも存在しますので、ご自身の領域や課題にマッチするものを選び、学習してもらえればと思います。むしろ、それらの良書や講座がカバーしきれていない、**「勝つためのスキマ」を埋める一冊**を目指しました。提案の中身をつくる方法論と並行して、本書で勝つ環境を整える方法論を習得することで、競合プレゼンの勝率はさらに高まることでしょう。競合プレゼン業務の傍らに常に置いておきたい一冊として、ご活用いただければ幸いです。

「個人的なティップス」を超えて

本書の内容は、私個人の経験もさることながら、私以外の方々の多くの経験（血と汗と涙）から成り立っています。私が所属する会社の営業・スタッフをはじめ、協力会社様や、クライアント様からのヒアリングを集約し、客観的に整理したものです。なるべく広い知見を集められるように努力しました。

また、競合プレゼンは、なかなか統計や調査データを用意するのが難しい分野です。そのかわりというわけではありませんが、単なる豆知識集に終わらせないよう、それぞれのメソッドについて可能な限り、学術的・心理学的な面からの説明を試みています。

本書の構成

第一部は、「心構え」編です。**競合プレゼンの基本的な知識と、どのような心構えで向き合うべきかをまとめています。**特に、若手から中堅のビジネスパーソンや、競合プレゼンの経験が浅い方は、まずはここから始めましょう。競合プレゼンに慣れている方も、第一部から読んでいただいた方が、第二部の理解が進むと思います。

第二部は、「実践」編です。**競合プレゼンの一連の業務を、11段階に分類。それぞれのフェイズごとに、実践的な「勝つ環境を整えるメソッド」の数々を伝授します。**また、ところどころに「クイズ」があります。実際にあった競合プレゼンの事例を題材にしていますので、そちらにもぜひ取り組んでみてください。

読者の中には、競合プレゼンに何度も参加している、経験豊富な方も多いでしょう。そのような方は、手っ取り早く第二部から読み始めても大丈夫です。明日からすぐに実務で使えるものはないだろうか？　そんな視点で見てください。網羅的に理解し、すべてを実行しないとダメ、といったものではありません。**つまみ食い大歓迎**です。

競合プレゼンは、「ＤＸ（デジタルトランスフォーメーション）」や「サステナビリティ」のような、目新しいテーマではありません。しかし、今後もずっとなくならない商習慣です。だからこそ、**力強く競合プレゼンを勝ち抜き、接戦をモノにできる人材は、いつの時代も重宝されます。**

それでは、憎らしくも愛おしい「競合プレゼン」の世界へ、いざ！

Phase 2 オリエン／直後 …… 140

Question No.2

Phase 3 キックオフミーティング …… 162

Question No.3

Phase 4 ストーリーづくり

Phase 5 判断と連携

Phase 10 検証

おわりに

第一部

心構え編

第一部は、「心構え」編です。競合プレゼンの基本的な知識と、どのような心構えで向き合うべきかをまとめています。

そもそも競合プレゼンとはどのような制度で、なぜ取り組む必要があるのか。競合プレゼンが構造的に抱える問題とは何か。何が勝敗に影響し、勝つためにどのようなマインドセットを持つべきか。これらを解き明かしていくのが第一部の目的です。

少なくとも私はこれまで、会社から教わったことはありません。第二部で習得するメソッドの理解を深めるためにも、まずはここから始めましょう。

1章 そもそも競合プレゼンとは？

そもそも、競合プレゼンとは何でしょうか？　日々仕事で関わり、実態を知ってしまっている人ほど、疑問に思わないことかもしれません。改めて、競合プレゼンとは何かについて客観的に知ることで、理解を深めていきましょう。

競合プレゼンの定義

「競合プレゼン」とは、**発注元企業（クライアント）が複数の企業から提案を受けて、最もマッチする企業や案を選び、発注先の企業や案を決定する商習慣**を意味します。クライアントの指名から業務が始まるのではなく、ライバル社と競い合って受注を勝ち取るところから業務が始まる。つまり、業務の始まり方のひとつの形式とも言えます。

と言いつつ、誰かが明確に定義してくれているわけではなく、あくまで本書ではそう定

ライバル社と競い合って受注を勝ち取る

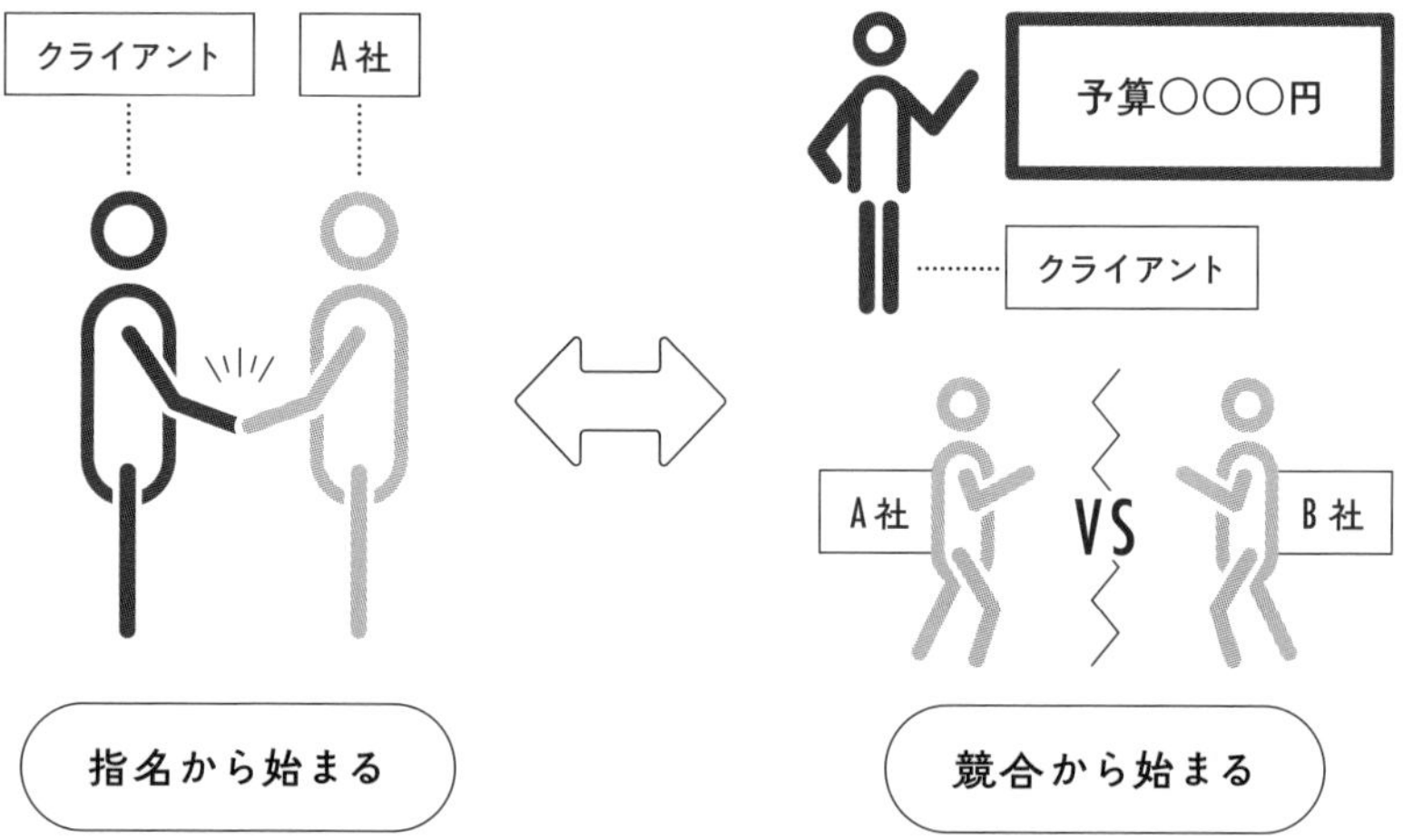

義する、というのが正しい表現かもしれません。良く言えば、明確に定義することが難しいくらい、様々なビジネスシーンに浸透している商習慣です。悪く言えば、誰も明確に定義することなく、混沌としたまま広がり、思い思いの運用がなされてしまっているビジネス形式です。

業界としては、広告／制作／デザイン／コンサル／商社／建築／設計／システム／通信などで、特に頻繁に行われています。これらはあくまで受注側としてですが、発注側という意味では、業界を問いません。歴史が長いおかげか、建築／設計業界、および、その発注元となる自治体においては、比較的ルールやガイドラインも整備されているようです。しかし、ビジネス上の実態としては、主催者（発注元企業）が都度ルールを決めているにすぎず、**業界としてのルールやガイドラインが未整備のところも多い**と推察されます。

競合プレゼンの呼び方

「競合プレゼン」には、他にも様々な呼び方があり、業界や時代により違いがあります。

「**コンペ／コンペティション**」の方が、耳馴染みのある方も多いかもしれません。建築／設計業界ではこの呼び方で浸透しているようです。英語の「competition」には「競技／競争」という意味があるので、スポーツ／学術などの、非ビジネス分野でも使われる傾向にあります。「競合コンペ」という呼び方も聞きます。おそらく、ビジネス分野であることを強調する意図の重ね言葉だと思いますが、「馬から落馬」のような誤用表現だとする向きもあるようです。

最近では、外資系企業の「**ピッチ**（pitch）」も広がってきています。「エレベーターピッチ」という言葉をご存知でしょうか。短時間で少人数に向けて行われるのがピッチ、不特定多数の相手に時間をかけて詳しい説明・提案を行うのがプレゼンテーション、とする定義も

競合プレゼンの呼び方は様々

あるようです。また、自治体や官公庁の案件では「**公募**」「**プロポーザル**」「**企画競争入札**」といった呼び方が多いようです。

このように、業界や時代により、呼び方も、あるいはその実態も様々ではありますが、本書では、日本国内で比較的浸透している「競合プレゼン」で用語を統一します。以降、短縮した「競合」も、同じ意味で使用します。用語こそ「競合プレゼン」と表記しますが、皆さんの業界で使われている「コンペ」「ピッチ」「公募」「プロポーザル」「企画競争入札」などの意味に置き換えて読み進めてください。

競合プレゼンは「ビジネス総合格闘技」

本書はあくまで、ビジネス分野を対象にしています。スポーツ／学術などの非ビジネス分野や、コンテストは対象外です。また、ビジネス分野だとしても、納品物の「仕様」と「価格」が最も重視される「入札（一般競争入札／最低価格落札方式）」も対象外とお考えください。戦略／アイデア／エグゼキューション（具体や実行性）／実績や体制などの「総合的な提案性」が重視されるビジネス案件が、本書がテーマとするものです。もちろん「価格」も含めての、総合的な提案性です。様々な要素が複雑に絡み合う、**案件受注のためのビジネス総合格闘技。**それが競合プレゼンです。

競合プレゼンは「接戦」案件

高橋浩一氏の著書『無敗営業』によると、一般的なビジネス案件や商談は、その受注難易度により「楽勝」「接戦」「惨敗」に分類できるとされています。中でも、やり方次第で受注にも失注にもつながる**「接戦」案件が大半を占めるわけですが、その「接戦」案件の中に、当社or他社で競争関係にある「競合プレゼン」が位置づけられる、**という構造です。

競合プレゼンは「接戦」案件

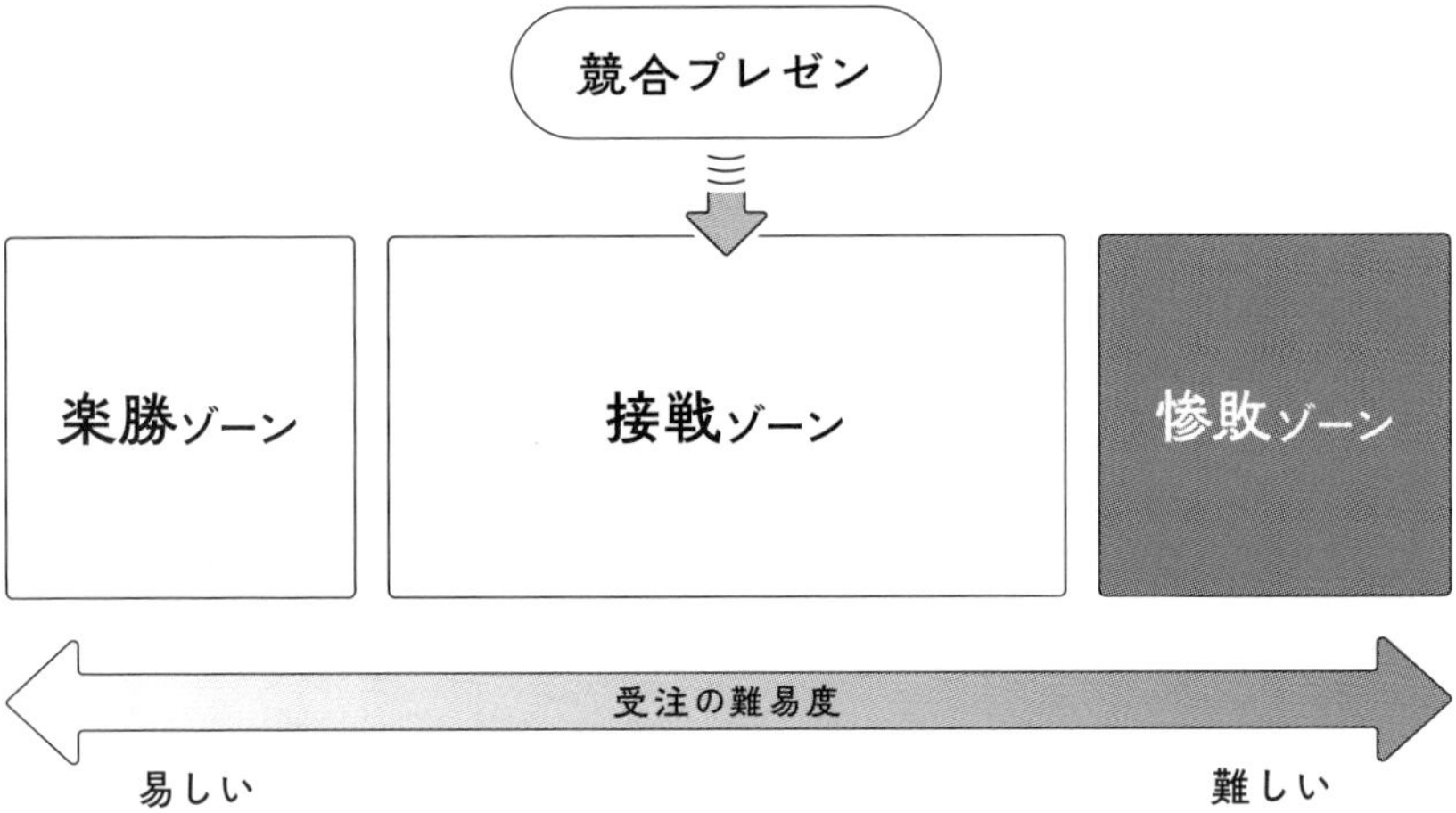

また、外注の必要がある（内製はできない）と判断しており、かつ、今すぐにやる必要がある（先延ばし／保留はできない）案件でないと、基本的に競合プレゼン開催には至りません。

もちろん、接戦の中でも、楽勝に近いものもあれば、惨敗に近いものもあります。ですが、競合プレゼンが開催され、複数社で競い合っている以上、勝つ可能性は100%でも、0%でもありません。よく「競合プレゼンは水物」なんて言われますが、蓋を開けてみるまで結果はわからないものです。私自身、95%勝てると言われた競合プレゼンを落とした経験もあります。「提案内容はNo.1でした。でも今回は他社さんに決めました」。このセリフも、何度聞かされたことでしょう。

競合プレゼンには「オリエンシート」がある

「オリエン／オリエンシート」「RFP（Request for Proposal：提案依頼書）」「ブリーフ／ブリーフシート」と呼び方は様々ですが、少なくとも競合プレゼンには「依頼事項や課題」をまとめたシートが存在します。

これらの違いとしては、「オリエン」「RFP」が依頼全体の「概要説明」であることが多いのに対し、「〇〇ブリーフ」という言葉があるように、「ブリーフ」はもっと個別の中身に踏み込んだ「設計図」のような意味合いがあります。「オリエン」「RFP」と「ブリーフ」の違いは非常に重要ですが、本書は基本的に、クライアント向けの本ではありません。したがって本書では、「オリエン」「RFP」「ブリーフ」は、同じ意味で使います。以降、用語としては「オリエンシート」で統一します。

「OATHの法則」というものがあります。アメリカのマーケッターであるマイケル・フォーティンによる分類なのですが、相手の抱える問題意識によって、取るべきアプローチが変わるというものです。消費者相手のマーケティング理論ではありますが、クライアントに当てはめて考えることもできます。

①Oblivious（無知）**自分の抱える問題を認識していない状態**
②Apathetic（無関心）**問題に気づいていても解決しようとする意思がない状態**
③Thinking（考えている）**問題の解決策を考えている状態**
④Hurting（困っている）**今すぐ問題を解決したくて困っている状態**

競合プレゼンが開催され、オリエンシートが準備されている時点で、クライアントは③や④の状態にいるはずです。クライアントなりに問題を認識し、解決しようとしている。つまり、①や②の状態はクリアしている状態のはずです。なぜ「はず」と繰り返すかと申しますと、①②をクリアせずに競合プレゼンを開くケースが稀にあるからです。そのような競合プレゼンは、採用社なし（ノーコンテスト）になることがあります。

通常業務との違いは「環境の過酷さ」

競合プレゼンと通常業務との違いは様々ありますが、ひと言でまとめるなら**「環境の過**

酷さ」だと言えます。限られた時間と情報の中で多くの意思決定をし、他社と競いながら、プレゼン当日まで一気に駆け抜ける。心身ともにタフな戦いを強いられる接戦が、競合プレゼンです。

「競合プレゼンの難しさ」とも言い換えられますが、とにかく提案まで時間がありません。そして、判断に必要な情報も、満足に手に入りません。また、初めて仕事を一緒にするメンバーとチームを組んだとしても、チームビルディングをする時間の余裕はありません。通常業務では、時間とお金をかけて必要な情報を入手し、様々な判断を下していきます。その作業に時間がかかるなら、納期は延期できることもあります。クライアントとの侃々諤々の議論と情報交換を経て、認識の一致を図りながら仕事を進めることができます。それと比べると、競合プレゼンはかなり過酷な環境にあると言えるでしょう。

競合プレゼン

○ **提案までの時間がない**
○ **判断に必要な情報が少ない**
○ **チームビルディングをする余裕がない**

○オリエンはあるがクライアントとの議論が少ない
○常に他社と比較される

通常／指名業務

○納期は延ばせることもある
○情報を集めてから判断できる
○チームビルディングから始められる
○オリエンはないがクライアントとしっかり議論できる
○表立っては他社と比較されない

過酷な環境で磨かれるのは「接戦を制する技術」

競合プレゼンで磨かれるのは、いわば「**接戦を制する技術**」です。通常業務をグッと濃縮したような、過酷な競合プレゼンを勝ち抜くには、様々なビジネススキルを総動員しなければなりません。**過酷な環境だからこそ、ビジネスパーソンとしてのスキルが身体に染み付いているかが、シビアに問われる**のです。そして、過酷な環境で鍛えられたスキルなら、通常業務に必ず活かせます。

通常業務は滞りなく進行できるけれども、競合プレゼンには弱いという同僚は、たくさんいます。ただ逆に、競合プレゼンには強いけれど、通常業務はからっきしダメという同僚を、私は見たことがありません。競合プレゼン＝接戦案件に強くなると、楽勝案件を増やし、惨敗案件を減らしていけます。**接戦こそ、自社の事業成長の源泉。接戦を制する者が、ビジネスを制する**のです。

競合プレゼンに強い人は、クライアントを考え抜ける人

競合プレゼンに強い人は「クライアントをとことん考え抜ける人」だと私は思っています。「クライアントをとことん考え抜く」とは、言い換えれば、オリエンの根底にある課題（真のイシュー）を捉え、「本質」を突く提案をすることです。決して、クライアントの癖やパターンに合わせて「迎合」することではありません。そして、ここで言う「クライアントを考え抜く」の中には、もちろん「クライアントのエンドユーザーを考え抜く」ことも含まれています。エンドユーザーとは、B to C企業における「to C＝生活者」や、B to B企業における「to B＝顧客企業」のことです。

クライアントは「迎合」を求めていません。そしてもちろん、「本質」を突いた提案をいつでも求めています。競合プレゼンに勝つためのスキルが「迎合スキル」ではないことは、ここで断言しておきます。

第二部の実践編を読めばご理解いただけると信じていますが、ご紹介するメソッドの数々、その根底を貫く思想は、**徹底した「クライアント目線」「クライアント理解」**です。有り体な言い回しではありますが、クライアントを徹底的に考えられない人が、エンドユーザーを考え抜けるはずもありません。結果、クライアントのビジネスに貢献できるはずもありません。これから皆さんが学ぶメソッドは、「相手の立場に立って本質を貫く」ためのものなのです。

本質と迎合の安易な二元論を超えて

しかし私は思うのですが、実は世の中には、**「本質」のふりをした「自己都合」の提案が多すぎる**のではないでしょうか。「本質を突いた提案」のようでありながら、その実、クライアントの立場に立たず、思い込みと自己都合で組み立てた提案をしてしまっている。それを、「クライアントに迎合しない」という聞こえの良いセリフで、覆い隠しているのではないでしょうか。

本質か迎合か。この安易な二元論に陥る人が多いのは、そう切り分けてしまった方が、圧倒的に心が楽だからです。仮に負けたとしても、「迎合せず戦った自分かっこいい」「自分はエンドユーザーを考え抜いた」「自分が正しいと思う提案をできたから悔いはない」と思うことで、心理的負荷を減らせます。自らに問いかけてほしいのですが、クライアントをわかったつもり、見切ったつもりになっていないでしょうか？　そういう人に限って、負けたときに「クライアントはわかってない」と言いがちです。もし皆さんが、「本質」と「迎合」の安易な二元論に陥っているならば、すぐ脱却するべきです。その二元論を鮮やかに飛び越える提案を、クライアントは期待しているからです。

本質を突くことと、相手を軽視することは違います。本質を突くことと、自己都合を押し付けることも違います。**本質と迎合の二択を超えて、相手の立場に立って本質を貫く**のが、実は一番しんどい作業です。でも、一番かっこいいと思います。入念な準備のもとに本質を貫き通すことこそ、クライアントを考え抜くことです。それができたとき、間違いなく勝利は目の前です。

2章 競合プレゼンって何でやるの？

競合プレゼンが必要とされる理由や、取り組む意義は、立場により様々です。まずは基本的なところとして、発注側企業（クライアント）と、受注側企業、双方の視点を押さえておきましょう。その上で、ビジネスパーソン個人として取り組む意義にも触れていきます。

企業が競合プレゼンを必要とする理由

クライアントが必要とする理由

①競争原理を働かせることで、低コストで、たくさんの提案をもらって比較検討できる
②チームの入れ替え、活性化、新陳代謝のために
③頻繁な人事異動のせいで、実務経験が不足しがちな担当者にとって、多くの提案をもらえることが安心材料になる

④取引先との癒着を防ぐために、ルールとして導入する必要がある（公平性の担保）

①が一番のメリットです。「低コスト」とは、プレゼン費を払わない、あるいは払っても少額という意味です。この是非については、発注側と受注側で意見が分かれるかと思いますが、話が長くなるので、次の3章で触れることにします。もうひとつ、競争原理が働くので、提案の見積もりが下がる方向に力学が働く、という意味もあります。ビジネスのスピードが飛躍的に高まっている昨今では、ここに「短期間で」というメリットも加わっている気がします。いずれにしろ、参加社にはずいぶんと厳しいシステムです。

②は理由というよりも、競合プレゼンを開く「きっかけ」に近いかもしれません。既存チームのマンネリ化に喝を入れる意味で、競合にされることは多いと感じます。また、指名業務でミスがあった場合に、ペナルティの意味合いで競合にするなど、少し歪んだ使い方が散見されるのも事実です。いずれにしろ、チームの新陳代謝を促す効果が期待できます。

③については、企業の人事制度が絡んできます。日本企業は伝統的に、ゼネラリストが出世する傾向にあります。そのために、数年単位で部署異動させる人材育成制度を採用する企業が多いのです。広告業界ではよく、名物宣伝部長がいなくなったと言われるのですが、

ようやく実務に慣れてきたと思ったら、担当者が異動になってしまった、なんてことはしょっちゅうです。業務の勘所がわからない人にとって、多くの提案をもらえる競合プレゼンという仕組みは、重宝されるようです。

④については、コンプライアンスも絡んできます。「〇万円以上の案件は、すべて競合プレゼンを開く」とルール化している企業もあります。官公庁などは特にそうですね。「競合プレゼンで発注先を決めました」は、癒着の潔白を証明するのに、手っ取り早い説明です。そのために、本来必要のない案件まで競合にされていると感じることも多々ありますが、時代の流れも含め、仕方のないことなのかもしれません。

受注側が必要とする理由

①受注のチャンス
②業界上位企業の寡占防止
③会社の名誉

受注側の最大の理由は「お金」です。また、業界上位でない企業にとっては、上位のライバル社が案件を独占することを防止するメリットもあります。他にも、今まで扱いのなかったクライアントに呼ばれるようになったなど、企業として提案の場に立てること自体に意味がある会社もたくさんあると思います。

あなたが競合プレゼンに取り組む意義

さて、ここまでは「企業」の視点でした。しかし、その中で働くビジネスパーソン個人としては、また違ったモチベーションがあるものです。以前、私が講師を務める宣伝会議の教育講座で、アンケートを実施しました。「競合プレゼンは好きですか？」という変な質問で、大多数が「嫌い」と答えるものだと私は予想していました。ところが、意外にも半数以上が「好き」と答えたのです。その割合はさておき、好きだとする理由は主に3つありました。これがまさに、あなたがひとりのビジネスパーソンとして、競合プレゼンに取り組む意義そのものだと思うのです。

【勝負】シンプルに競技として面白い

特に、勝負事が好きな人は（勝てるかどうかはさておき）競合プレゼンは嫌いではないようです。確かに、普段の仕事の中で、明確に「勝敗」を決するものは、そう多くはありません。相手が格上で、**ジャイアントキリング**を達成したときの快感は、病みつきになります。私個人としても、この部分は大きなモチベーションのひとつでした。

【実績】自分がつくった仕事と胸を張れる

「あれ（あの仕事）はオレがやった」と、ちょっと関わっただけの仕事でも自分の手柄のように話すことを「あれオレ詐欺」と揶揄することがあります。「あれオレ詐欺」がまかり通る業界において、「私が競合プレゼンを獲りました」という事実は、重要な意味を持ちます。上司や先輩の仕事を引き継いだのではなく、自分が勝ち取った。まさにお手柄です。だから、堂々とプロフィールに書ける。実績として語れる。「**自分がつくった仕事です**」と、**胸を張れる**仕事をどれだけ積み重ねていけるかが、キャリア形成の醍醐味です。もし競合プレゼンという制度がなかったら、ずっと「他人がつくった仕事」を引き継ぐことになってしまいます。考えただけでもゾッとします。

【スキル＆ネットワーク】知識と経験と仲間が増える

勝てばもちろん嬉しい競合プレゼンですが、たとえ負けたとしても、そこで得た**知識、経験、仲間は、かけがえのない財産**になります。しかも、比較的短い期間で得られる財産です。私自身、競合プレゼンをともに戦った仲間とのつながりを大切にしています。数年後、その仲間から、次のチャンスが舞い込んでくるからです。こうやって、社会人としてのスキルやネットワークを蓄積していくのです。

個人的なモチベーションを大切に

ちなみに余談ですが、あなたは仕事をしている中で、どんな瞬間に喜びや快感を感じますか？　人それぞれだと思いますが、一般的には、「プロジェクトが成功したとき」「得意先から感謝されたとき」「仲間と苦労や喜びを分かち合ったとき」といったものだと思います。

実は私には、ちょっと特殊な「快感を感じる瞬間」があります。それは、初めて経験するジャンルの競合プレゼンの依頼が来て、その業界やクライアントについて、爆速で新たな情報をインプットしている瞬間です。まったく知らなかった情報が脳にインストールされることが、最高に気持ち良いと感じるのです。仕事でなかったら絶対に関わらないジャンルの知識に、強制的に触れられる。私が競合プレゼンに感じている、特殊なモチベーションのひとつです。

試され、比較され、負けることの方が圧倒的に多いのが、競合プレゼン。だからこそ、売上以外の「**個人的なモチベーション**」を大切にしていきましょう。

3章 競合プレゼン害悪説

本書は、競合プレゼンに勝つための方法論を伝授するのが趣旨なので、基本的には「競合プレゼンはビジネスに必要なものだ」という立場を取っています。しかしながらここまでは、ちょっとホワイトな話をしすぎたかもしれません。2章のテーマは「競合プレゼンって何でやるの？」でした。そこへの理解を深める意味も込めて、3章では、競合プレゼンのダークサイドにも触れておきたいと思います。そう、「**競合プレゼン害悪説**」についてです。

競合プレゼン害悪説

いやいや、私が害悪だと言っているわけではありません。でも、昔からこの手の主張は、特に広告業界で耳にしてきました。いつ頃から言われていたかは定かではありませんが、少なくとも私は新人の頃から耳にしてきました。しかも、業界の大物と呼ばれる人が

「競合プレゼンは悪だ」「競合プレゼンには参加しない」なんて宣言するものですから、若いときは「いつか言ってみたいなーこんなセリフ」と、憧れたものです。

確かに受注側は、好んで参加しているわけではありません。出ないと仕事にありつけないから参加するわけです。しかも時間はないし、採用されなければ赤字だし、競わされ比較されるし、負けたら惨めな気持ちになるし……。競合プレゼンに参加せずとも食べていけるなら、それに越したことはありません。

競合プレゼンが害悪と言われる7つの理由

そんな恨み節はさておき、巷の声を拾い集めてみると、競合プレゼンが害悪だとする理由には、大まかに次のようなものがありました。

①インプットと議論の質と量が低下する

競合プレゼンとなった瞬間から、クライアントとの議論が制限され、意見交換の質も量も低下する。結果、解決すべき本質的なビジネス課題の特定が浅いままに、プランニングせざるを得なくなる。

②本質からズレる

クライアントが気持ち良い／選びやすい案が採用されがちで、本当に市場で効果のある／課題解決に貢献する案が選ばれにくい。受注側も、本来の課題解決よりも、クライアントが選びやすいことを重視しがちになる。同時に、本質的な課題解決よりも、オリエン（要件定義）に沿っているか否かで、提案が判断されがち。

③成果が出にくい

競合プレゼンで採用した企業／プランでは、期待する成果が出にくく、クライアントも受注企業も疲弊し、不幸になる。

④長期的な関係性が維持できない

本来、競合にする必要のない案件まで競合にされるので、クライアントと受注企業の間に、長期のパートナーシップが形成されにくい。結果、信頼できるパートナー企業と巡り会えず、信頼関係の薄い企業とのお付き合いを、短いスパンで繰り返していくことになる。

⑤受注企業が消耗する

受注企業は、本質的な課題解決に加え、いかにライバル社に勝つかについても考えねばならず、いたずらに時間、お金、労働力を消費する。

⑥受注企業のモチベーションが下がる

競合を実施するのは、クライアントが取引先を信用していない証拠であり、それを感じた受注企業のモチベーションが下がる。

⑦不当な労働が横行する

競合プレゼンは「タダ働きを強要する」側面がある。クライアント側に悪意はなくとも、不当な労働環境が増える温床になっている。

【補足】競合プレゼンが生み出す不当な労働について

⑦の問題点について補足します。

競合プレゼンは「タダ働きを強要する」側面があると指摘されています。「スペックワーク（speculative work）」という言葉があります。これは、有償契約を期待して無償で仕事を請け負うことを意味します。特にデザイン業界で使われ問題となっている概念です。また、そもそもの応募要項（参加条件）自体が、主催者に都合良くつくられすぎている場合もあります。このように、受発注の立場の違いを利用した不当な労働を「意図せず／悪意なく」生み出してしまっている側面があります。

スーツの仕立てに例えましょう。成果物であるスーツのイメージがわかないと対価も支払えないのはその通りです。だから、事前にカタログを見て、自分が着るスーツのイメージと、その値段を知るのは当然と思うかもしれません。しかし、競合プレゼンで参加社が売るのは、既製品ではなくオーダーメイドのスーツです。既製品のカタログを見るのとは違うのです。確かにまだ実際のスーツはつくっていないかもしれませんが、クライアントのためだけに、デザインも生地も着心地も考えて、唯一無二のスーツを仕立てているのです。たくさんの仕立て屋を呼んで、一番気に入った人にだけ対価を払い、他の人には「ありがとう」とだけ言って帰ってもらう。この行為の裏には「目に見えるモノや肉体労働には対価を払う」けれども**「目に見えないモノや知的労働には対価を払わない」**という悪習が隠れています。

競合プレゼンでは、提案時点でかなりの業務量をこなしています。比較的規模の大きい参加社であれば、その費用も必要経費と割り切ることもできますが、小規模の会社（あるいは個人）だと、そうもいきません。だからといって、すべての業界で一律に「プレゼン費用を払うべきだ」と主張するつもりはありませんが、少なくとも、競合プレゼンが**「不当労働を強いる場合がある」「不当労働を強要する隠れ蓑になる可能性がある」**ことは、知っておくべきだと思います。

しかし、競合プレゼンという商習慣が一般的になるにつれ、その意識すら持たないビジネスパーソンも量産されていると思います。もし、競合プレゼンが不当な労働を「意図せず／悪意なく」生み出してしまっているならば、業界でガイドラインを定める以外に、防ぐ手立てはないと思います。

なぜ競合プレゼンはなくならないのか？

これまで見てきたような負の側面には、私も共感するところが多々あります。一説によると、日本の広告業界は特に競合プレゼンが多いらしく、社員の長時間労働や燃え尽き症候群の主な要因になっているという話も聞きます。もちろん、受注側の自衛策として「参加しない」選択肢もあります。確かに以前と比べると、投資する時間や労力に見合う価値があるかどうかを、慎重に見極めることも増えた気がします。ただ、クライアントから声をかけられた以上、取引先として参加しない判断を選ぶのは、現実的には勇気がいるものです。

指名で頼られた仕事を、緊張感を持って遂行する。仕事のあり方としてはこれが一番だと私も思います。でも、競合プレゼンが害悪以外の何物でもないならば、なぜこの商習慣はなくならないのでしょうか？

2章で見たように、クライアント企業と受注企業の双方にとってメリットがあるから、というのが大きな理由です。しかし、しかしです。もし本当に、巷で言われているように、誰も幸せにならない制度ならば、なくなって然るべきです。でも、今日もあちこちで競合プレゼンは開催されています。どうやら、一介のビジネスパーソンが害悪説を唱えたところで、この商習慣はなくならないようです。おそらく、問題の根はもっと複雑。そこでもう少し、この問題を掘り下げてみようと思います。

競合プレゼン害悪説を唱えているのは誰か？

ここからはかなりの部分、憶測と偏見が入ることを承知の上で、話を進めさせてください。前提として、競合プレゼンの是非を考えるにあたり大事なことは、どの立場からの意見かを明確にすることです。クライアント企業vs受注企業、経営vs現場、若手vsベテランなど、置かれている人の立場によって、競合プレゼンへの眼差しは大きく異なります。

まず、クライアント企業が必要としているのは、2章で確認した通りです。また、受注企業の経営層も、売上拡大のために必要としています。そして、受注企業の若手も、スキルや実績を積み重ねるチャンスと考えています。でも、だからといって「やっぱり競合プレゼンは必要なのだ！」と、簡単に結論づけるつもりはありません。あくまで発言者の属性を見ておく必要がある、ということです。

これはまったくの私見ですが、競合プレゼン害悪説を唱える中心は、「受注企業」の「現場」の「ベテラン」層。つまり「現役で日々のクライアント課題解決に向き合っていながら、既にある程度の実績やネットワークを築き終えている人」ではないかと思っています。そして、業界全体への愛ある眼差しと、責任感からの発言であると感じています。

ある程度の実績を積み、社内外のネットワークも構築できている人にとって、競合プレゼンは確かに不要と感じるでしょう。わざわざ競合に参加せずとも、食べていけるだけの土台を築き上げてしまっているからこそ、愛する業界に対し、あえて苦言を呈することができるのだと思います。そしてその声は、比較的広く届きやすい。それに、ちょっとかっこ良かったりもする。

クライアントと受注側の認識のズレ

見過ごせないのが、**クライアントが感じているメリットに対して、受注企業との間で認識がズレている**点です。今一度、クライアントが競合プレゼンを必要としている理由を確認します。

クライアントが必要とする理由

①競争原理を働かせることで、低コストで、たくさんの提案をもらって比較検討できる
②チームの入れ替え、活性化、新陳代謝のために
③頻繁な人事異動のせいで、実務経験が不足しがちな担当者にとって、多くの提案をもらえることが安心材料になる
④取引先との癒着を防ぐために、ルールとして導入する必要がある（公平性の担保）

理由③④については、ある意味で仕方のないものとして、ここでは議論を棚上げします。ただ、理由①②については、もしかしたら大きな誤解が潜んでいるかもしれません。そこで、どのように認識がズレているか、受注企業の立場から、3つの意見を述べたいと思います。

【認識のズレ1】コストは下がるが、提案の質は上がらない

百を超える競合プレゼンを経験した立場から断言しますが、競合にすることで、見積もりが下がることはあっても、提案プランの質が上がることはありません。見積もりは「高いか安いか」の1軸なので、競争原理を働かせることで、ライバル社よりも安い金額を提

示しようとする力学が働きます。しかし、ライバル社と競い合ったからといって、提案プランの質が上がることは、決してありません。なぜなら**提案プランの質とは、インプット情報（オリエン）の質と量、および思考に与えられる時間によって決まる**からです。そして、提案プランの善し悪しは、コストの「高いか安いか」のように、単純なものではないからです。

コンピューターサイエンスの世界には「Garbage in, Garbage out（ガベージイン・ガベージアウト）」という格言があります。直訳すると「ゴミを入力するとゴミが出力される」つまり、「無意味なデータ」をコンピューターに入力すると「無意味な結果」が返されるという意味です。これは議論や思考の世界にも拡大・転用されている考え方です。健全な議論もその前提に欠陥があれば、健全でない結論に至ることがある、といった意味合いで使われます。オリエンの善し悪しが提案の質に最も影響することは、受注企業が経験的に知っていることではないでしょうか。

【認識のズレ2】モチベーションは上がらないし、ましてや提案の質も上がらない

競わせたら発奮して参加社のモチベーションが上がるかと言えば、それはほぼありません。逆に、競合にされたからといった理由で、既存チームのモチベーションが下がることも、ほぼありません。正確に言えば、個人的なモチベーションの上下は多少あるかもしれないけれど、会社としての提案プランの質に影響はない、というところでしょうか。

ライバルと競い合うことは、スポーツや受験勉強、あるいはコンテスト／コンクールのような場面では、モチベーションアップの効果を発揮することがあります。しかし、非定型性の強いビジネスにおいて、露骨に比較され評価されるという状態は、実は動機づけの効果は期待しにくいものです。一説には、自分が他者と比較されていることを感じると、脳内で「脅威反応」が起きて、情報処理に頭が回らなくなるという、ニューロサイエンスの結果もあるそうです。顔が見えるメンバーが相手の社内業務であれば、露骨に「比較され評価される」という状態が、いかにストレスフルで、いかにメンバーのモチベーションを下げるか、容易に想像できます。それは、企業対企業の競合プレゼンでも、実は同じこ

となのです。

前述の通り、既存チームのマンネリ化に喝を入れる意味で、競合にされることは多いと感じます。また、指名業務でミスがあった場合に、ペナルティの意味合いで競合にするなど、少し歪んだ使い方が散見されるのも事実です。もちろん、担当チームが変わることにより、提案の質が変わることはあります。担当者の能力が違えば、仕事ぶりが変わるのは当然です。しかしながら、**「競わせる↓モチベーションが上がる↓提案プランの質が向上する」という現象は起きない**ことは、強調しておきます。繰り返しますが、提案プランの質は、インプット情報（オリエン）の質と量、および思考に与えられる時間によって決まるからです。

【認識のズレ3】提案の幅は広がるが、提案の質は上がらない

厄介なのは「提案の幅が見たいから競合にする」という動機です。5社を集め、それぞれから3案の提案をもらえば、それだけで15案です。多くの案の中から選べれば、それだけ質の高い案が手に入りそうな気がします。もちろん、案数が多い方が、単純に良い提案に出会う「確率」は上がります。ただ前述の通り、提案プランの質に最も影響するのは、

インプット情報の質と量、および思考時間なので、「**競合にしてたくさん提案をもらえれば、質の高い案が手に入る**」**と考えるのは、かなり早計**だと思います。

一番良くないのは「アイデアの幅が見たい」という理由で、いわゆる「ゆるいオリエン」をしてしまうことです。「参加社の自由な発想を縛りたくないので、あまり前提条件を決めすぎないことにしました」という茫洋としたオリエンを受けることがあるのですが、これだと、良い提案は上がってきません。何度も繰り返しますが、インプット情報としての質も量も低いからです。

大事なのは、どんな幅で広げて見たいのか、そこに意思や仮説があることです。そして、しっかりと情報（仮説や戦略）をインプットすること。これに尽きます。自分が何を食べたいのかわからないから、とりあえず和洋中が揃ったファミレスに入ってメニューを広げるのではなく。せめて「カレーが食べたい」ところまでは絞って、カレーの幅の中で、どんなカレーが理想なのかを注文すべき。例えるならそんなイメージです。

制度としては必要だが、運用に大きな問題がある

これらの認識のズレからわかることは、「よほど上手く競合プレゼンを運用しなければ、質の高い提案は手に入らない」ということです。競合プレゼンという「仕組み」で実現できることは「コストを抑えて多くの提案を集める」ことです。そして、**競合プレゼンの仕組み自体には「提案の質を高める」機能は備わっていない**のです。何度も繰り返しますが、提案の質を高めるには、質の高いオリエンをするという、運用上の工夫が必要なのです。

受注側が競合プレゼンに勝つためにスキルが必要なのと同様に、実は、クライアントが良い競合プレゼンを開くのにもスキルが必要です。誤解を恐れず、摩擦を恐れず申し上げれば、今、安易に開かれる競合プレゼンが多いと感じます。**制度としては必要とされているが、その運用が良くないので、残念な競合プレゼンの数が増えすぎている。**企業は「制度として必要だ」と言うが、現場は「運用が悪いならやめた方がいい」と叫ぶ。それが「害悪説」の背景にある構造です。同時に、一介のビジネスパーソンが害悪説を唱えただけでは、この制度がなくならない理由でもあると感じています。

残念な競合プレゼン

私自身、これまで百を超える競合プレゼンに参加してきました。こう言ってはなんですが、残念なケースが大半だったと思います。

○クライアント側に、競合プレゼンをコントロールする知識やスキルがない
○「ルールだから」という理由だけで競合になる（本質的にやる必要がない）
○オリエンが曖昧な上、情報交換が制限される（本当の課題が特定できない）
○選定基準や判断軸がぶれる／好き嫌いで決まる
○結果のフィードバックがない／納得感がない
○最悪、ノーコンテスト（採用社なし）になることも

情報を制限しがちなクライアントに対し、参加社は常に情報不足です。判断材料である情報の質も量も低い中で、不確かな予測や推測をもとに、確度の低い提案をし、不本意な結果に終わる。残念な競合プレゼンは、「**ノーヒントでクライアントがやりたいことを当てるゲーム**」になりがちです。このような、生産性の低い不毛な予測ゲームは、今日もあちこちで開かれています。そんな競合プレゼンを目の当たりにする度に、残念な気持ちになったのも事実です。害悪説を唱えたくもなります。

しかし、残念な競合プレゼンもあれば、素晴らしい競合プレゼンもありました。

素晴らしい競合プレゼン

私が思う素晴らしい競合プレゼンは、**「純粋に提案の中身で勝負できたと思える」**ものです。どこに注力すべきか争点がはっきりしている。提案の中身づくりに全力投球できる。勝っても負けても納得がいく。負けても自身の力不足を素直に認められる。そんな競合プレゼンです。

- ○ **しっかりと練り込まれたオリエン（課題設定や戦略立案が素晴らしい）**
- ○ **参加社への期待・依頼が明確（丸投げ、後出ししない）**
- ○ **それでいて、参加社の自由度や発想を尊重してくれる**
- ○ **納得がいくまで情報交換してくれる（参加社に本気で向き合ってくれる）**
- ○ **案の選定基準・理由が明確で、負けてもしっかりとフィードバックをもらえる**

○ **ビジネスが伸長する（もちろんこれが一番大事）**
○ **長期のパートナーシップを形成できる**

体感で言えば、十分の一にも満たない数です。3年に1回出会えるかどうか。でも、こういった成功体験は実際にあり、クライアントはそこを目指して努力している。上手く運用すれば、クライアント企業のビジネスを飛躍的に成長させる制度だと、私は感じています。それもきっと、競合プレゼンがなくならない理由のひとつだと思うのです。

一歩ずつ、素晴らしい競合プレゼンを増やしていこう

ただ声高に害悪説を唱えるだけでは、この制度はなくなりませんし、状況が良くなることもありません。であれば、**どうすれば素晴らしい競合プレゼンが増えるのかを考え、運用面での改善に向けて努力する**のが、建設的な態度だと思うのです。

良い競合プレゼンは、クライアントと参加社の双方でつくりあげるものです。参加社の能力を引き出し、正しく競わせること。これはクライアントの責任。参加するからには、相手の立場に立って本質を貫き通し、高いレベルで必死に勝利を目指すこと。これは参加

社の義務です。

決して、競合プレゼン後の事業成長を無視して、目先の受注をかっさらうことだけを目指してはいません。いたずらに競合プレゼンの数を増やし、長時間労働を助長するのも、本意ではありません。やるからには意義のある、充実した競合プレゼンにしたい。クライアントのビジネスや社会の発展に貢献する仕事を増やす、きっかけとなるような競合プレゼンにしたい。そして、できれば勝利してほしい。

それが私の願いです。

4章

私が競合プレゼンを語る理由と背景

ここまで読んでいただいた皆さん、ありがとうございます。そして、当然の疑問をほったらかしにしてきて、すみません。「そもそも、お前は誰やねん?」「なんでお前が競合プレゼンを語れるねん?」とのお声が聞こえてきそうです。ごもっとも。その疑問にお答えするのが本章です。

大変遅くなりましたが、自己紹介です

はじめまして。鈴木大輔と申します。プロ野球選手の荒木大輔さんが高校時代に巻き起こした「大ちゃんフィーバー」のときに生まれました。鈴木という日本ランク2位の苗字に、同世代での新生児人気名前ランキング1位の「大輔」という名前。

そんな普通すぎる姓名を持つ私が、なぜ、「競合プレゼン」という特殊なテーマの本を

書こうと思ったのか。先に白状しますが、**私は競合プレゼンに連戦連勝のツワモノではありません。**数こそ人一倍こなしていますが、しっかり負けています。けっこう勝っていますが、けっこう負けてもいます。そんな私でも、いや、そんな私だからこそ「勝ち方」を語れます。その理由と背景を、キャリアとともにお話しします。どんな仕事をしてきたかというよりは、社会人人生の中で、どう競合プレゼンと関わってきたか。そんな視点からです。

競合プレゼンと私

私は、総合広告会社のＡＤＫと、そこから少人数で立ち上げた、ＦＡＣＴというクリエイティブ・ブティックに所属しています。職種はストラテジック・プランナー。「ストプラ」と略すことが多いです。企業のマーケティング、コミュニケーション、ブランディングにおける、いわゆる「戦略／左脳」領域でのお手伝いをするのが、主な仕事です。企業のロゴやスローガンをつくったり、ファシリテーターとしてワークショップを仕切ったり、たまに、コピーライターのような仕事もします。ＦＡＣＴというクリエイティブが生業の小さな会社に所属しながら、戦略領域を専門にしているのが、どうも業界的には珍しい立ち位置のようです。

競合プレゼンの存在すら知らなかった営業時代

新入社員配属は、ＡＤＫの営業職でした。勤務地は東京本社。国内大手の化粧品クライアント担当で、１つのブランドの仕事にどっぷり。オブラートに百枚くらい包めば、忙しいながらも充実した日々。当時、同じチームにいた上司も先輩も同僚も、今はみんな散り散りになっていますが、心のどこかでは「戦友」としてつながっている、そんな部署でした。そのときの経験が、今でも私の原点です。とにかくひとつのブランドの仕事を回すことに忙殺されていたので、競合プレゼン未経験どころか、その存在すら知りませんでした。実は自分が回している仕事が、そもそも上司や先輩が競合プレゼンで獲得した案件だったとはっきり認識したのは、入社して3年が過ぎた頃。当たり前の話ですが、「どんな仕事も『獲得』のプロセスがあるよなぁ」と、妙に納得したものです。そして、そのプロセスを経験していない自分に、一抹の物足りなさを感じるようになっていきました。

入社後3年半ほどのタイミングで、異動の機会が訪れました。ちょうど会社で、ジョブローテーション（キャリアステップ）という制度が始まった年です。スタッフは営業に、営業はスタッフにと、同期内でシャッフルすることが決まっていましたが、一応、人事から異動先の希望を聞かれました。そこで私は答えました。「これまで営業でひとつのブランドしか担当したことがなく、競合プレゼンで仕事を獲得した経験がない。上司や先輩がつくった仕事ではなく、自分の仕事と誇れるものが欲しい。スタッフになるなら、競合プレゼンがたくさんやれるところがいい（キリッ）」と。結果、職種は現在も続くストプラに（狙い通り！）。そして、勤務地は大阪になりました（これは狙っていなかった！）。

競合プレゼンドリルの大阪時代

私の希望通り、大阪では本当に、競合プレゼン三昧の日々になりました。とあるエンタメ企業を担当したのですが、新作コンテンツが発売されると、テレビCM制作業務が競合になりました。ほとんどが3社競合。チームを組んで業務に対応していましたが、個人で数えると、年間20本ほどの競合プレゼンをこなしていた時期もありました。ひと月に2本以上の競合プレゼンを抱えると、QOL（生活の質）は著しく下がります。

ストプラの私は、テレビCMを企画するにあたっての戦略立案が仕事です。

○　新作コンテンツをひたすら遊ぶ
○　遊んでいる映像を収録し、消費者調査にかける

○ **調査結果を分析し、ターゲット、訴求ポイントなどを明らかにする**
○ **その戦略をもとに、営業やクリエイターと企画会議**
○ **企画書をまとめ、プレゼン**

当時の案件では、競合プレゼン業務においてやるべきことや、その業務フローが、ほぼパッケージ化されていました。それは諸先輩方が、秘伝のタレのように継ぎ足しながら、「勝てる型」へと昇華してきたパッケージです。私はその型の通りに、ひたすら正確に、高速で、競合プレゼン業務を回していました。計算ドリルや漢字ドリルは、ひたすら量をこなすことで、質を高める勉強法です。私が「競合プレゼンドリル」と呼んでいるのは、そういった理由からです。とにかく競合プレゼンの量をこなし、質を高めていったのが大阪時代でした。

当時の個人戦績をカウントしたところ、なんと勝率5割。もちろん個人ではなくチームの勝利なわけですが、3社競合で5割ですから、それがいかに高い勝率かおわかりいただけるでしょう。私は大阪で、たくさんの勝つ経験と、少しの自信を手に入れることができました。本当にありがたい経験をさせてもらったと思います。とても大きな財産です。

一転して勝てなくなった東京ストプラ時代

大阪で3年を過ごし、東京に戻ることになりました。職種は変わらずストプラです。ただ、担当クライアントの幅は大きく広がりました。そして、本当に様々なジャンルに携わらせてもらいました。しかし待っていたのは、大阪での経験が通用しない、競合プレゼン負け倒しの日々でした。

それもそのはず。大阪時代は、特定のクライアント、いつものチーム、形式化された業務フロー。余計なことは考えず、全力で良い戦略・良い企画を練っていれば、自ずと結果がついてきました。今から考えると、それはとても幸せなことだったと思います。でも東京では、様々なジャンルのクライアント、その都度編成される急造チーム、定まっていない戦い方。良い戦略・良い企画を練るどころか、何が良い戦略で、どんな企画が良い企画なのか、その方針を探すところから仕事が始まるのです。スタートラインにすらまともに立てず、戦略も企画も練りきれないまま、時間切れでプレゼン当日を迎える。これでは勝てるはずもありません。たまに勝ったとしても、ラッキーパンチ程度の感触で、勝つべくして勝ったという手応えはありませんでした。

もちろん、勝つためのスキルアップを怠っていたわけではありません。課題を設定する力。マーケティング戦略を立てる力。概念を言葉にするコピーの力。アイデアを広げる発想法。様々な勉強をして、競合プレゼン仕事に取り込んできました。でもこれは後で気づいたことですが、すべて**「提案の中身をつくる方法論」**の習得だったのです。努力の方向は間違っていませんでした。でも、勝つために必要な「もう片方の方法論」の存在に、まだ気がついていない時代でした。

センタープレイヤーとして結果が伴い始める

私が競合プレゼンに取り組むにあたり、ひとつ決めていたのは、勝とうが負けようが、必ずそこから次につながる何かを見つけることでした。負けてもその経験を無駄にせず、知見として蓄積していくことだけは続けていきました。それが、徐々に実を結び始めます。狙い通りとは言いませんが、「勝てる準備ができた→実際に勝てた」という「納得の勝利」ができ始めたのです。社内的にチームを引っ張る年齢になってきたのも大きかったと思います。入社して十年くらいでしょうか。負け続けてきた経験からの学びが、様々なケースに適用できる知見へと、人様にお話できるレベルへと、昇華されていったのだと感じています。

そして、この時代に集めていた知見が、もう片方の**「勝つ環境を整える方法論」**だったのです。

競合プレゼンの知見がたまりにくい営業

私が競合プレゼンを語る理由と背景には、職種と組織構造も関係しています。

一般的に、最前線で深く担当クライアントに関わるのが営業職です。関わりが深いぶん、基本的には限られた数のクライアントしか担当できません。また、新人時代の私のように、何年もひとつのクライアントしか担当しない営業パーソンも、業界によっては珍しくありません。そもそも営業は、経験できる競合プレゼンの数が、圧倒的に少ないのです。

そして、部署間で売上を競い合うのが営業です。だから、隣の部署とのライバル意識が強い。部署間の垣根が高く、情報を横で共有しにくい。必然的に、競合プレゼンの知見はたまりにくくなります。ましてライバルの前で、負けたケースなど共有したくもありません。結果、隣の部署が犯したミスと同じミスで、競合プレゼンの失注を繰り返すことになるのです。

社内を横断できるスタッフに知見がたまる

一方、専門的な技能を持ち、案件（クライアント）を横断して業務にあたるのが、スタッフ職です。ひとつのクライアントへの関わり方は、営業に比べると薄くはなりますが、そのぶん、多くの案件を経験できます。そうなると必然的に、スタッフに競合プレゼンの知見がたまりやすくなります。逆に言えば、スタッフ職の人間が、勝因／敗因分析から知見を集約し、それを全社共有しない限り、同じ負けを繰り返します。私は、ストプラというスタッフ職で、様々な競合プレゼンに関わらせてもらいました。スタッフでなければ、たくさんの「勝つ環境を整えるメソッド」を集約することができず、本書を執筆できなかったと思います。

おかげさまで私は、競合プレゼンにたくさん勝ち、たくさん負けてきました。そして、その勝因／敗因分析から学び、次の勝利につながる知見を積み重ねてきました。**競合プレゼンには、仕事における大事なことが、たくさん詰まっています。**競合プレゼンに育ててもらったと言っても過言ではありません。だからこそ、勝ち筋を見出し、負ける理由を徹底的に潰し、勝率を上げるお手伝いができるはずだと考えたのです。それが、私が皆さんに、競合プレゼンの勝ち方を語ろうと思った理由と背景です。

意識的な知見の継承が必要

余談ですが、働き方改革やコロナ禍、リモートワーク推進の影響もあって、仕事の「打ち上げ」もめっきり少なくなったと感じます。以前は競合プレゼンが終わったら飲んで、結果が出たら（勝ち負けに関係なく）飲んでと、社外活動の時間がありました。その時代が良かったと言いたいわけでも、飲みニケーションを礼賛したいわけでもありません。ですが、いわゆる「経験則」と呼ばれる類の実践的な知識や経験は、会社以外の場所で、上司から部下へ、先輩から後輩へと受け継がれていった時代が、確かにあったのです。でも最近は、知見を継承する場を意識して用意する必要があります。書籍という形で私の競合プレゼン経験を残したいと思ったのも、本書を執筆しようと思った理由のひとつです。

5章

勝負の世界観

競合プレゼンに限らず、およそ勝負事の世界では、構造的に何が勝敗に強く影響すると考えているか、つまり、**「勝負の世界観」**が問われます。なぜならその世界観は、提唱される勝利のメソッドに直結するからです。

「サッカーとは、どんなに失点しようが、より多く得点したチームが勝つ競技である」
「サッカーとは、相手より少ない失点に抑えたチームが勝つ競技である」

前者はきっと、攻撃重視で、点の取り合いを信条とするチームでしょう。後者はきっと、守備重視で、1対0で勝つ美学を持ったチームでしょう。2つの異なるサッカー観からは、まったく違う戦略/戦術が生まれてきます。

本章では、競合プレゼンの「勝負の世界観」を解説します。それに触れることで、どのように競合プレゼンを戦っていくかを理解しましょう。

勝利も敗北も、複層的に要因が絡み合った結果

1章で、競合プレゼンは「ビジネス総合格闘技」であると話しました。それは、戦略／アイデア／エグゼキューション（具体や実行性）／実績や体制などの「総合的な提案性」が重視されるという意味です。しかし、ここに挙げたのはほんの一例にすぎません。実際はもっとたくさんの要因が絡み合います。**競合プレゼンの勝利も敗北も、複層的に要因が絡み合った結果である。**この考え方が、勝負の世界観の前提となっています。

そして、多くの方は「競合プレゼンは提案の中身で勝負が決まる」と考えています。このようなマインドを、私は「競合プレゼンモード」と呼んでいますが、競合プレゼンという勝負事になると、なぜかこの考え方で突っ走る人が続出します。もしかしたら、クライアント自身も「提案の中身だけで採否を決めている」と思い込んでいる可能性もあります。しかし、それは誤解であると断言します。**提案の中身は、採否判断のための一材料にすぎません。**通常業務において、提案の中身だけでビジネスが進んでいかないのは、肌感覚として納得できる人も多いでしょう。実は競合プレゼンでも、それは同じことなのです。

勝因も敗因も「たったひとつ」ではなく「たくさん」ある

これも大事なポイントですが、競合プレゼンの「勝因」も「敗因」も、とにかくたくさんあると私は考えています。「たったひとつ」ではなく「たくさん」ある。大きさや重要度の違いはあれども、**たくさんの勝因と敗因があって、そのすべてが結果に影響しているのです**。当たり前に聞こえるかもしれませんが、案外、忘れがちなポイントです。

「単一原因の誤謬《ごびゅう》」という言葉があります。物事は「多くの要因」が重なった結果として起こるものですが、「たったひとつの原因」だけを求めたがる心理傾向のことです。もしかしたら「勝因／敗因」という言葉にも、「たったひとつ」を求めるニュアンスが含まれているかもしれません。このように、人の心理には「たったひとつ」を求める傾向が備わっています。その気持ちをグッと堪えて、「要因はたくさんある」という事実を受け止めましょう。そして「原因→結果」の単純な因果関係で勝敗を結論づけないように、注意してください。

勝ちに不思議の勝ちあり

これは著名な野球監督がよく引用していた言葉ですが、本当にその通りだと感じます。競合プレゼンをやっていると、なぜか勝ってしまうことが時々起こります。たまたま企画が相手の好みに刺さる。あるいは、スター社員がいて、「この人と仕事をしたい！」と思ってもらえた。でもよくよく考えてみると、これらはラッキーパンチです。「必中で相手の好みの企画を出す方法」「100％あなたと仕事をしたいと言わせる方法」そんなものは存在しません。勝ったケース（成功事例）から、再現性のある法則めいたものを抽出するのは、意外と難しいものなのです。

成功事例の扱いには注意

皆さんの会社でも、ケーススタディと称して、競合プレゼン獲得の事例共有会が開かれていることと思います。事例を共有して経験則をためていくことは非常に大事ですが、その際、「成功事例」の扱いには注意が必要です。それには、大きく3つの理由があります。

ハイライトの罠

スポーツニュースでは、その試合のハイライトシーンが凝縮して放送されます。例えばサッカーなら、華麗なドリブル突破や、試合を決めたスーパーシュートなど、盛り上がる瞬間だけが放送され、それ以外は切り捨てられます。失点を未然に防いだ玄人好みのプレイも、90分を通して走り回った地道な努力も、放送されることはありません。実はこれと同じことが、成功事例共有会で起こっています。勝ったケースでは、得意げに華々しく、絞り込まれた勝因だけが語られますが、私はそれを「ハイライトの罠」と呼んでいます。

成功事例で語られる「勝因」だけが、勝敗に影響を与えているわけではありません。また、クライアントが教えてくれる「採用理由」だけが、必ずしも「勝因」のすべてではありません。それ以前に、クライアントは充分に「当社の採用理由」や「他社の敗退理由」を言語化してくれないので、断片的な情報だけが伝わってきます。

成功事例共有会では、情報が削ぎ落とされ、最も見栄えのする勝因だけが伝えられます。「誰かひとり」「何かひとつ」に原因を求めるのは、正しい理解・分析を妨げます。皆さんの会社で行われている成功事例共有会が、「気分の良いヒーローインタビュー」になって

勝因と結果は直接的な因果関係ではない

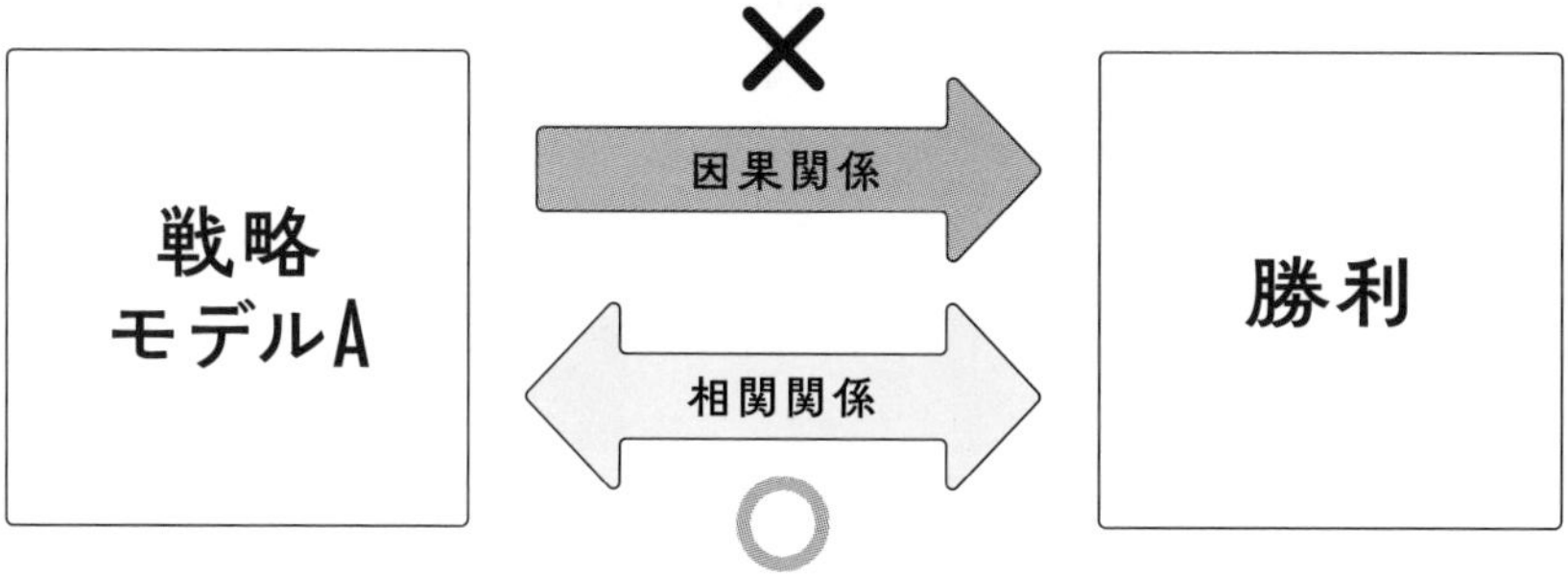

いやしないでしょうか？　ハイライトの罠には、充分に注意しなければなりません。

因果関係と相関関係

仮に、競合プレゼンの勝因のひとつを「戦略モデルAを取り入れたこと」と分析したとします。しかしこれは、たくさんある勝因のひとつにすぎません。勝因は他にもたくさんあり、そのすべてが「勝利」という結果に影響しています。別の言い方をすると、「戦略モデルA」と「勝利」の間には、相関関係はあるかもしれないが、直接的な因果関係と結論づけることはできない、ということです。

ところが、成功事例共有会で「戦略モデ

隠れた要因によって疑似相関に見えている可能性も

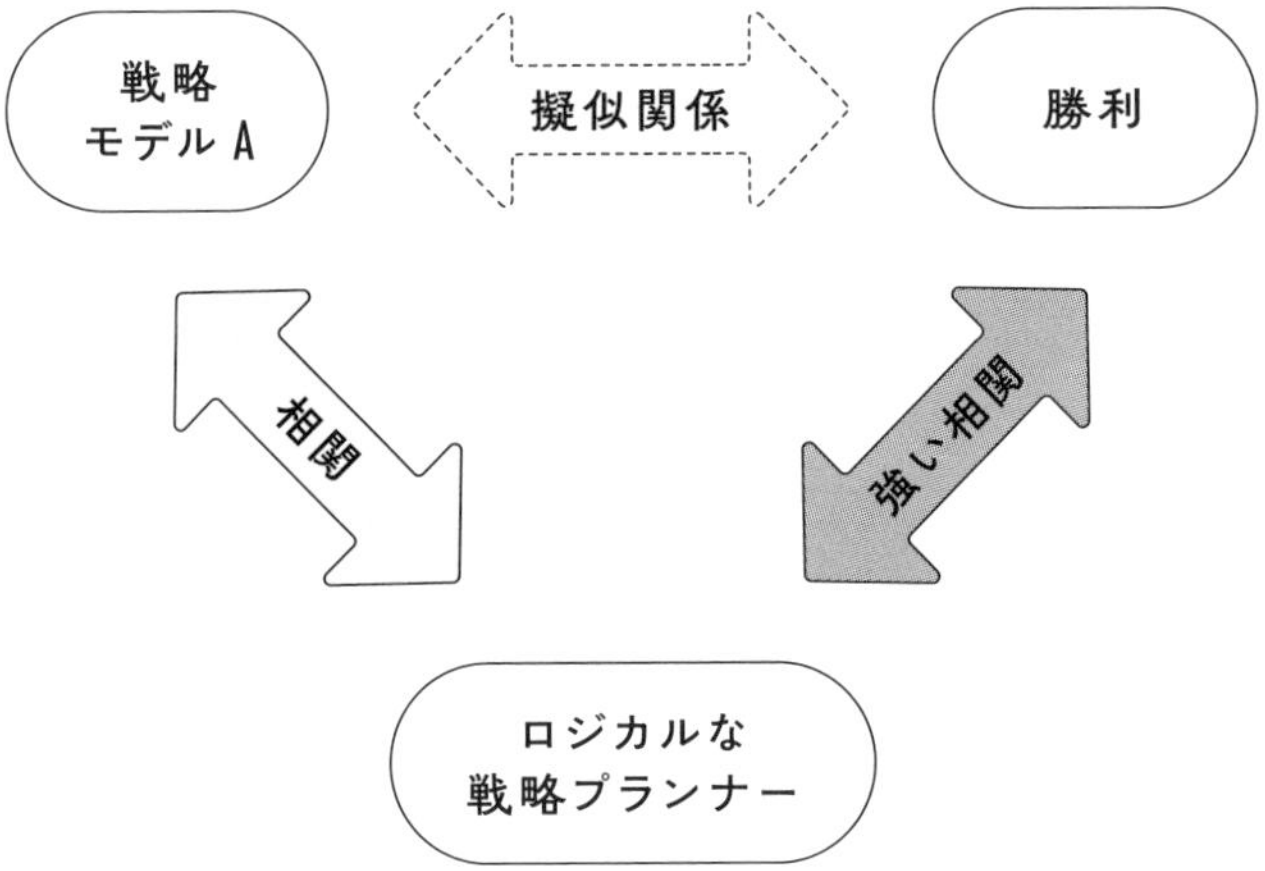

ルAが評価されて勝った」と聞くと、結果を出したいビジネスパーソンは、「自分も戦略モデルAを取り入れたら勝てるかも」と、過度な期待を抱きます。いつもは賢いビジネスパーソンも、目の前に「勝利」をちらつかされると、つい、**単なる相関関係を、単純な因果関係で結びつけたくなるの**です。

実は、「ロジカルな戦略プランナーがいた」という要因が裏にあって、そちらの方が、より「勝利」という結果と相関が高い可能性すらあります。疑似相関と言ったりしますが、2つの事象（戦略モデルAと勝利）に因果関係がないにもかかわらず、見えない要因（ロジカルな戦略プランナー）によって、あたかも因果関係があるかのように見える

内集団の「成功」は「努力や能力のおかげ」と結論づけやすい

究極的な帰属の誤りの傾向

	成功したとき	失敗したとき
内集団に対して	努力や能力のおかげ	運や環境のせい
外集団に対して	運や環境のおかげ	努力不足や能力不足のせい

ことがあります。極論、その戦略プランナーがプレゼンに立っていさえすれば、使われた戦略モデルがBでもCでも、勝てた可能性すらあります。

戦略モデルAを学ぶこと自体はまったく否定しませんが、それが、自分のケースで直接的に効果を発揮する確率は、期待するよりも低いのです。

究極的な帰属の誤り

人は、自分が所属する集団（内集団）の「成功」は「努力や能力のおかげ」とし、逆に「失敗」は「運や環境のせい」と、原因を考える傾向があります。社会心理学ではこれを「究極的な帰属の誤り」と呼びます。

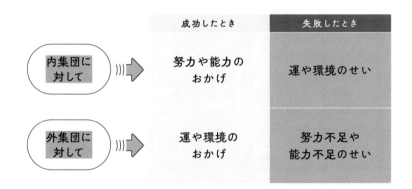

2002年のFIFAワールドカップを題材として、日本人大学生を対象に行った研究があります。日本と韓国の共催だったこの大会で、日本はベスト16、韓国はアジア勢初のベスト4に入りました。この好成績となった理由をどう推測するか尋ねたのですが、その結果が興味深いのです。「日本がベスト16になったのは、これまでの努力の成果」「韓国がベスト4になったのは、運と勢いによるところが大きい」と答える傾向があったそうです。つまり、日本という内集団の成功は、「努力や能力のおかげ」とし、韓国という外集団の成功は、「運や環境のおかげ」としたのです。

客観的で冷静な判断が求められるビジネス上の結果分析において、**「成功」を「努力や能力のおかげ」と結論づけやすいバイアスは厄介な存在**です。成功事例を聞くことで、真面目なビジネスパーソンは、自分の能力向上に、ますます時間と労力を費やすでしょう。しかし、個々人の能力というものは、一朝一夕には向上しません。つまり、「努力や能力のおかげ」と結論づけられがちな成功事例からは、なかなか「すぐに使える知見」は得られにくいのです。

成功事例を聞くと「提案の中身をつくる方法論」を鍛えたくなる

成功事例共有会で、削ぎ落とされた「見栄えのする勝因A」が伝えられる。相関関係を因果関係と誤認し、「Aを採用すれば勝てる」と過度な期待を抱く。そして、「努力や能力のおかげ」と聞いて、自分も能力向上に時間を割こうと決心する。そうやってビジネスパーソンは、「提案の中身をつくる方法論」の鍛錬に、日々心血を注ぐことになるのです。

誤解なきようお伝えしますが、その習得自体を否定しているわけではありません。勝つための準備としてはまったく間違っていませんが、それなりの時間がかかるということを、強調してお伝えしておきます。そして繰り返しますが、競合プレゼンという場になると、「提案の中身だけ」で勝負が決まると思いがちですが、クライアントは、それだけで意思決定することはありません。

無数の落とし穴を回避した先に勝利がある

もちろん、成功事例に学ぶことはたくさんあります。それは否定しません。でも考えてみてください。企画書の中身や、当日のプレゼンテーションだけが、競合プレゼンではありません。**オリエンを受ける前から、プレゼンが終わった後まで。そのすべての時間の過ごし方が競合プレゼンであり、そのプロセスすべてが勝敗に影響するのです。**企画書の中身や当日のプレゼンテーションは、その過程から生まれたものの、ほんの一部にすぎないのです。

そう考えると、成功事例で語られた「見栄えのする勝因」の影に、語られることのない「回避してきた無数の落とし穴」があることに気がつきます。この落とし穴は、「クライアントとの認識のズレ」とも言い換えられます。

少しイメージしてほしいのですが、遠くにある勝利というゴールに向かって、チームが一丸となって突き進んでいく。しかしその道中には、無数の落とし穴がある。大きな穴もあれば、小さな穴もある。巧妙に隠されている穴もあれば、初見では絶対にハマってしまうような穴もある。慎重に、ときに大胆に、それらすべての落とし穴を回避したその先に、勝利というゴールが待っている。

そしてお察しの通り、この落とし穴を回避するための考え方こそ「勝つ環境を整える方法論」です。そしてそれは、主に「敗因分析」から導かれます。

負けに不思議の負けなし

これも著名な野球監督がよく引用した言葉で、「勝ちに不思議の勝ちあり」とセットで語られる格言です。負けたケースには、必ず理由（敗因）があります。負けた数だけ理由があります。そしてどれも具体的で、心当たりのあるものばかりです。だからこそ、負ける理由は潰せます。別の言い方をすれば、負ける確率は減らせるのです。そして敗因分析から得られる知見は、汎用性が高い。なぜなら敗因とは、他の案件でもハマり得る落とし穴だからです。

負けたケースは、知見の宝庫です。しかしながら、会社ではほとんど共有されません。誰しも大勢の前で、惨めな姿を晒したいとは思いません。「負けたケースを皆の前で共有しなさい」なんて業務命令は、上司も言いにくいものです。でも、だからこそ、**全社をあげて負けたケースを分析し、組織知として集積している企業が、結果的には強くなっていく**のだと思います。

競合プレゼンの「勝負の世界観」

○勝利も敗北も、複層的に要因が絡み合った結果である。
○勝因も敗因も「たったひとつ」ではなく「たくさん」ある。
○提案の中身だけでは勝負は決まらない。
○オリエンを受ける前から、プレゼンが終わった後まで。そのすべての時間の過ごし方が競合プレゼンであり、そのプロセスすべてが勝敗に影響する。
○無数の落とし穴を回避した先に、勝利が待っている。

これが、本書が思い描く、競合プレゼンの「勝負の世界観」です。

6章 3番手以下が勝つために

本章では、第一部「心構え」編の集大成として、競合プレゼンに臨む際のマインドセットをお伝えします。「3番手以下が勝つために」という題名からお察しの通り、より厳しい競争環境を勝ち抜くために必要な、いわば**「下克上のマインドセット」**です。

まず、ちょっとしたクイズからスタートしたいと思います。私の競合プレゼンへの向き合い方が、大きく変わるきっかけとなった、本当にあった話が題材です。

【クイズ】本当にあった怖い競合プレゼン

これは実際に私が経験した競合プレゼンです。企業名を伏せ、デフォルメしてはいますが、実話に基づいています。このケースを読んで、A社の「不採用理由」が何だったのか、少し想像してみてください（A社がどこかは、私のプロフィールを見たらバレバレですね）。

とあるエンタメ業界の競合のお話。年間数十億円の広告費を運用している。あるとき、社運をかけた大型施設のローンチがあり、そのプロジェクトが発足。クライアントと既存パートナーとの付き合いは長く、大きな不満もないが、数年ぶりに競合プレゼンを実施。業界3番手の広告会社A社は、小さな案件での取引実績があり、声をかけられた。クライアントは公平な競争を促すため、調査データをはじめとする各種情報は可能な限り開示。A社は、優秀なスタッフを集め、何度も企画を練り直し、企画書の仕上がりも渾身の出来栄え。万全の状態で提案に臨み、反応も上々。その後、前向きな再提案の要望があり、複数回のやり取りが発生。ところが、なかなか「決定」との連絡がもらえない。しばらくして、既存パートナーの継続が決定した。

敗退の連絡とともにクライアントからいただいたのは、このような言葉でした。

「**A社さんの提案は一番でした。でも今回は既存の広告会社に決めました**」

さて、A社の不採用理由は何だったでしょう?

【答え】A社という会社そのものの不安を払拭できなかった

あまり期待せずに呼んだ、業界3番手のA社。蓋を開けてみたら、思いのほか、提案内容が良い。いや、何なら一番評価が高い。既存パートナーから替えても良いのではないか？そんな意見が社内で上がる。そこで初めて真剣に考えた。大きな取引実績のない業界3番手の会社に、数十億円の年間予算と社運をかけたプロジェクトを預けて、本当に、本当に、本当に大丈夫だろうか？　やっぱり付き合いの長い相手の方が、今回は良いのではないだろうか。絶対に失敗できないし……。

責任を追及される担当者

不採用となった我々からすると、「そんなことだったら最初から呼ばないでよ……」と思いました。身も蓋もない理由です。まるで、最初から落とし穴が用意されていたかのようです。かけた労力は水の泡。いやーヤケ酒飲みましたね、このときばかりは。

でも、クライアントの立場で考えてみるとわかります。社運をかけたプロジェクトです。

絶対に失敗できません。もし、自分の一存でA社に決めて、キャンペーンが失敗したら？その担当者はきっと、責任を追及されるでしょう。最大手に依頼して失敗しても、損失は同じことですが、責任の追及のされ方が違います。「最大手に頼んで失敗したのだから、そもそも難しかったプロジェクトなのだろう」という気持ちが働くのが人情です。

買い物に3つ目の選択肢は要らない

コンビニのような、棚の狭い店舗を思い出してください。ありとあらゆる商品・ブランドが揃っています。でもよくよく見ると、ひとつのジャンルにつき、基本的には2つのブランドしかないケースが多いことに気づきます。人気で売上が大きいジャンルであれば、3つ以上のブランドが並べられていますが、基本的には2つ。正直に言うと、買い物客は「選べれば良い」のです。つまり、買い物するのに3つ目の選択肢は要らないのです。

これと同じことが、競合プレゼンでも起きています。クライアントが競合プレゼンを行う最大の理由は、複数社を比較検討したい、というもの。乱暴に言えば、選べれば良いのです。となると、絶対に呼ぶのが業界最大手。その比較対象として、業界2番手。それ以下は、呼ぶ必然はありません。3社以上呼ぶケースも多々ありますが、それには特別な理由が必要です。競馬に例えるのも失礼な話ですが、「本命／対抗」に対し、「大穴」や「ダークホース」という言葉があります。「当て馬」なんて表現もありますね。このように、**そもそも3番手以下には、「ひょっとしたら……」という淡い期待しか抱かれていないこ**とがわかるかと思います。

あなたの会社は、業界何位ですか？

想像ですが、本書を手に取った方の大半は、業界3番手以下の企業にお勤めではないでしょうか。かくいう私が所属する総合広告会社のADKも、業界3位です。必然的に、常に上位2社（電通・博報堂）との戦いを強いられてきました。昨今ではもっと競合関係も複雑化しているので、必ずしも上位2社だけが競争相手ではありません。コンサルやデジタル専業会社など、多種多様なプレイヤーが競争相手になっています。ですが、ここで言いたいのは、1番手でもなく、2番手でもなく、3番手以下という存在が、いかにビハインドかということです。もちろん、業界最大手、2番手には、それ相応の悩みや苦しみがあると思いますが、いったんそれは脇に置いてください。**業界最大手というだけで、いくつもの落とし穴を、自動的に回避してしまっている**からです。

3番手以下が勝つための必要条件

業界3番手以下の会社が、競合プレゼンで勝つための必要条件は**「提案の中身で1着になる」**ことです。提案の中身が2着以下なのに、業界3番手以下の会社が採用されることはありません。でもこれは、クリアすべき最低条件。その上で、**3番手以下の会社を不採用にできる、些細な理由すら与えてはならない**のです。ほんの少しでも、たったひとつでも不安要素を与えたら、3番手以下は採用されないのだと、私はこのケースで痛感しました。

もちろん、質の高い提案をつくることは、並大抵の努力ではできません。そのために必要なスキルはいくつもあります。真面目なビジネスパーソンほど、敗因を「自分の努力や能力不足」に求めがちなので、「提案の中身づくり」のための方法論、自分の専門領域のスキルを、一生懸命に勉強します。

かくいう私も、(自分で言うのは恥ずかしいですが)そんなひとりでした。課題設定、マーケティング戦略、コピーライティング、アイデア発想法、などなど。様々なスキルを学び、競合プレゼンの仕事に取り込んできました。でもこれは、勝利に必要な方法論の、ひとつの側面だけだったのです。努力の方向は間違っていませんでした。でも、勝つために必要な「もう片方の方法論」の存在に、この当時はまだ気がついていませんでした。

先ほどの「会社そのものへの不安」という身も蓋もない落とし穴は、「提案の中身づくり」のためのスキルをいくら真面目に磨いたところで、どうにも回避できません。でも、事前に対策できなかったのかと言えば、そんなことはありません。もしプレゼンで、体制面での強固さをもっとアピールできていたら？　もし社長のトップ外交で、全社でバックアップする姿勢を事前にアピールできていたら？　いわゆる「経験則」をベースにした方法論を身につけていたならば、結果は違っていたはずなのです。

競合プレゼンに勝つための2つの方法論

競合プレゼンに勝つための方法論を、改めて記します。

提案の中身をつくる方法論

競合プレゼンのお題に直接答えるための方法論。課題設定力、戦略構築力、ロジック構築力、企画術、アイデア発想術、プランニングメソッド、企画書作成術、プレゼンテクニックなど。体系立てられた理論があり、書籍や講座多数。直接的に企画書やプレゼンの「中身」に反映される。

勝つ環境を整える方法論

勝つ環境を整え、純粋に提案の中身で勝負できるところまで、チームを引き上げるための方法論。現場で培われた実践的な知識・経験から導かれる。企画書やプレゼンの「枠の外」や、「仕事の進め方」に反映される。負ける理由＝不採用理由を潰すために活用される。

ちなみに繰り返しますが、「どうすれば提案の中身で1着になれるのか？」は、本書の主なテーマではありません。「提案の中身をつくる方法論」は、業界によりけりですし、専門性が高いので、本書で扱いきれるものではありません。また、流行り廃りもありますし、習熟には時間もかかります。ご自身の領域や課題にマッチする書籍や講座を選び、じ

3番手以下が勝つための戦い方

提案の中身をつくる方法論

提案の中身で1着になる

勝つ環境を整える方法論

純粋に提案の中身で勝負できるところまで、チームを引き上げる

つくり学習してもらえればと思います。

あくまで「提案の中身で1着になる」のは、業界3番手以下が採用されるための、最低条件です。クリアして当たり前。その上で、**「勝つ環境を整える方法論」を活用し、負ける理由＝不採用理由を潰す。「勝つ環境を整える方法論」で、純粋に提案の中身で勝負できるところまで、チームを引き上げる。**本書で学ぶのは、そういう戦い方です。

負けフラグに敏感になろう

少し話は逸れますが、よく映画やアニメで、「死亡フラグ」ってありますよね？「俺、この戦いが終わったら結婚するんだ」とか、「先に行け！後で必ず合流する！」

といったやつです。「これ100%死ぬやつだわ！」と、勘の良い人なら気がつきます。皆さんには、それを競合プレゼン業務で見つけられるように、嗅覚やセンスを磨いてほしいのです。前述の通り、オリエンを受ける前から、プレゼンが終わった後まで、そのすべての時間の過ごし方が競合プレゼンです。その一連の業務フローにおける**「負けフラグ」**に敏感になり、事前に失敗を回避できる人材になりましょう。

負けフラグとは、もっと平たく言えば「何となくヤバそう」という感覚です。これは、プロジェクトマネジメント上、とても重要な感覚です。少しの違和感や、ギクシャク、しっくりこない感じ。これらの些細な「悪い予感」を放置すると、後で必ず後悔します。自分の思い過ごしかな？　と思ったとしても、放置せず、チームに警鐘を鳴らすべきです。なぜなら、競合プレゼンは意思決定の連続であり、あちこちに「落とし穴」があるからです。そして、**あなたが感じた悪い予感は、間違いなく何かしらの落とし穴に起因している**からです。

競合プレゼンは意思決定の連続

ざっと思いつく限りの「広告業界の競合プレゼンで意思決定が必要な場面」を列挙しま

した。たくさんあるよね、とお伝えしたいだけなので、広告業界以外の方は、読み飛ばしてもらって構いません。広告業界の方は、気分が悪くならないように注意してください。

オリエン参加者／スタッフィング／プレゼンオーナー／ヒアリング内容／クライアントキーパーソン／決定方法は合議制orワンマン／キックオフミーティング／オリエン返しするか／スケジュール／ブリーフ／調査するorしない／市場の状況／ターゲット設定／インサイト／ポジショニング／コンセプト／コアアイデア／エグゼキューション／トーン&マナー／タレント／裏取り／ビデオコンテ／メディアプラン／コスト／体制／プレゼン構成／時間配分／スピーカー／プレゼン出席者／紙orスライド／想定問答／おススメ案／リハーサル／当日のつかみ／アクシデント対応／アフターフォロー／追加提案／トップ外交……

ふぅ、嫌になりますね。決めることが多すぎです。もし、時間もお金も潤沢にあるのなら、しっかり情報収集して、侃々諤々議論して、じっくり方針を決めることも可能です。ですが実際問題、意思決定に必要な情報が完璧に集まるなんてことは、ほぼあり得ません。クライアントに質問しても、全部答えてもらえるわけではありません。調査をしたくても、コストの問題で、できないこともしばしばです。しかも、とにかく時間がない。では、どうやって負けフラグを回避するか？

負けフラグを回避する「かもしれない運転」

運転免許取得時に習った「だろう運転」と「かもしれない運転」を覚えていますか？「だろう運転」とは、希望的観測に基づく運転です。「こちらが優先なのだから車は交差点に進入してこないだろう」「車通りが多い道路だから歩行者は飛び出さないだろう」など、自分に都合のいい解釈で運転してしまうことを意味します。一方、「かもしれない運転」は、危険予測運転とも言い換えられます。状況から起こり得る危険な事態をあらかじめ予測しておくことで、事故を未然に防ぐ運転のあり方です。

競合プレゼンに負けるときはたいてい、「だろう運転」をしています。「クライアントはこう思っているだろう」「他のクライアントに刺さったから、今回もこの方向性で間違いないだろう」など、自分たちに都合のいい解釈で意思決定を重ねています。

勝つチームは、「かもしれない運転」を心がけています。「クライアントはこう思っていないかもしれない」「他のクライアントには刺さったが、今回はこの方向は適していないかもしれない」など、情報収集を疎かにせず、あらゆる状況を予測して意思決定しています。そうやってひとつずつ、勝つ環境を整えているのです。

勝つ環境を整える方法論＝情報収集力＆経験則＆洞察力

本書で提唱する勝つ環境を整える方法論は、「**情報収集力**」と「**経験則**」と「**洞察力**」から成り立っています。まず、できる限りの情報を徹底的に集める。それでも足りない情報があるなら、過去の「経験則」で補う。そして、それらを判断材料にしながら、「洞察力」を駆使して、希望的観測を排除しながら、勝ち筋を見出していく。負けフラグを回避しながら、戦略的な意思決定へとつなげていく。そうやって、勝てる環境を整えていきます。

本書では、できる限り多くの経験則をインプットします。また、洞察力を磨くためのクイズも用意しています。過去の負けたケースを見ながら、可能な限りの思いつく敗因を挙げてみる、という思考トレーニングです。詳しくは後述しますが、正解（実際に起きたこと）を当てるのが目的ではありません。少ない情報と過去の知識や経験から、想像力（妄想力）を駆使して、様々な敗因を洞察することが目的です。なぜなら、その妄想力が本番の業務で活きるからです。

意識すべき2つの立ち位置

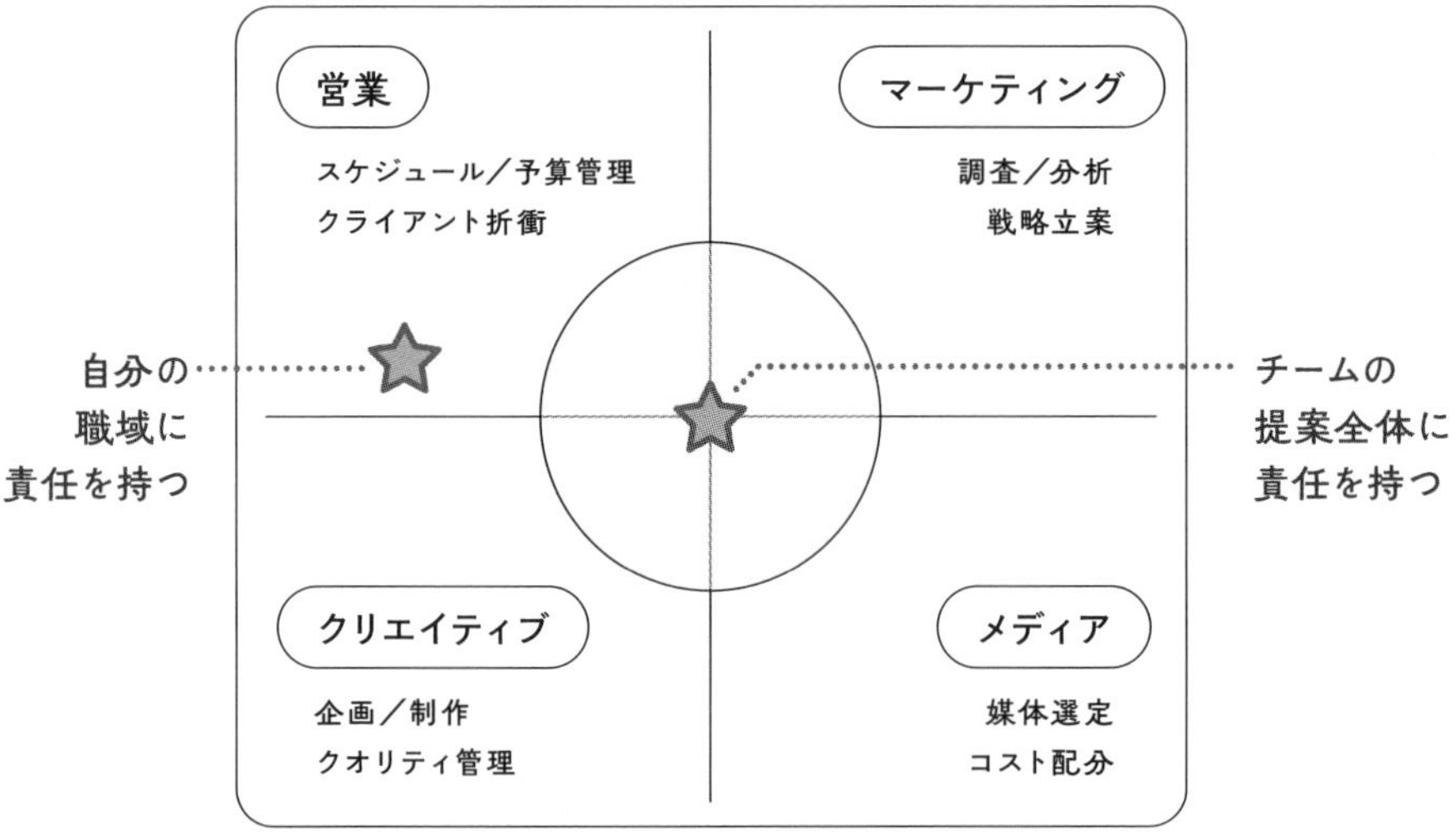

最後にもうひとつだけ、競合プレゼン仕事における心構えの話をさせてください。

センタープレイヤーになろう

上の図を見てください。競合プレゼンに限らずですが、営業、スタッフなど、仕事における基本的なチーム編成が描かれています。業界によって職種は様々だと思いますので、ご自身のケースに当てはめながらご覧ください。星マークが2箇所あります。円の外か、中かの違いです。これは仕事をする上での「立ち位置」を示しています。**円の外は「自分の職域に責任を持つ」**立ち位置。**円の中は「チームの提案全体に責任を持つ」**立ち位置です。さてあなた自身は今、どちらの立ち位置で仕事をしていますか？

2つの立ち位置、どちらが良いとか悪いとか、そんな話ではありません。自分の職域に責任を持って遂行する人も必要ですし、チーム全体の責任者も必要です。ただ、あなたがこれから、競合プレゼンでチームに勝利をもたらせる人材になろうとするならば。もし、「勝敗を他人の手に委ねるなんて、まっぴら御免だ」と思っているならば。ぜひ円の中の「チームの提案全体に責任を持つ」立ち位置を意識してみてください。私はそれを**「センタープレイヤー」**と呼んでいます。あなたがどんなに勝利を願っていても、**提案全体に責任を持つ「センタープレイヤー」のポジションにいないと、そもそも、チームを勝利へ導けない**のです。

競合プレゼンの意思決定領域は多岐にわたります。ときに、自分の職域を超えた判断が必要になるものです。そして、職域を超えた判断こそが、最も難しく、最も重要で、最も勝敗に直結するものです。当然、責任が伴いますし、実力も、仲間からの信頼も必要になってきます。何かを判断することは、何かを切り捨てることです。チームメンバーから疎まれる覚悟や勇気も必要になってきます。でも、だからこそ、目指すべき価値のあるポジションなのだと、私は考えています。

一般的には、営業職の役職者やベテラン社員が担うイメージがあるかもしれませんが、必ずしもそうではありません。スタッフ職でも、若手でも、チームを引っ張る気概があれば、センタープレイヤーの素質ありです。今はまだそのポジションを担えずとも、この立ち位置を目指して業務に当たるかどうかで、ビジネスパーソンとしての成長速度は著しく変わります。

職種や年次は関係ない！　自分がチームを引っ張って、勝利をもたらすのだ！

そんな心構えを持って。いざ、第二部に入りましょう！

第二部

実践編

第二部は、「実践」編です。競合プレゼンの一連の業務を、11段階に分類。それぞれのフェイズごとに、実践的な「勝つ環境を整えるメソッド」の数々を伝授します。競合プレゼンにおける受発注の心理学から、オリエンから提案までの時間の過ごし方、負けフラグに敏感になるための視点、泥臭く勝ちを拾いにいくゲリラ戦術など。「接戦を制する技術」と言い換えても良いでしょう。また、ところどころに「クイズ」があります。実際にあった競合プレゼンの事例を題材にしていますので、そちらにもぜひ取り組んでみてください。

競合プレゼンの業務フェイズ

Phase ⓪ 兆し
Phase ① オリエン前
Phase ② オリエン／直後
Phase ③ キックオフミーティング
Phase ④ ストーリーづくり
Phase ⑤ 判断と連携
Phase ⑥ 軌道修正
Phase ⑦ 企画書&プレゼン

Phase ⑧ フィニッシュ
Phase ⑨ 当日
Phase ⑩ 検証

メソッドについて

勝利をもたらす具体的な考え方・動き方のストックを増やすのが目的です。自分自身で経験できることはわずかですし、周囲の上司や先輩の経験則にも限りがあります。だからこそ、ここでたくさんのインプットを浴びてください。すぐには自分で使いこなせないメソッドもあるかと思いますが、知っていれば、チームに警鐘を鳴らせるはずです。現在の仕事に照らし合わせながら、明日の実務から使えそうなモノを、どんどん拾い上げていってください。つまみ食い大歓迎です。

クイズについて

勝つ環境を整える方法論のベースになる「洞察力」を磨くのが目的です。実際の競合プレゼンの敗退事例を見ながら、可能な限りの思いつく敗因を挙げてみる、というものです。

広告業界の事例ではありますが、広告の知見は不要なので、どの業界の方もご安心ください。正解（実際に起きたこと）を当てるのが目的ではありません。少ない情報と過去の知識や経験から、想像力（妄想力）を駆使して、様々な敗因を洞察することが目的です。個人の経験・推測・妄想、大歓迎です。

Question No.1

まずはクイズからです。実際に私が経験した競合プレゼンのお話です。例によって、企業名を伏せ、デフォルメしています。このケースを読んで、**可能な限りの思いつく敗因を挙げてください。**

問題

提案はNo.1でも負けた競合プレゼン

大手食品メーカーの基幹ブランド。カテゴリを牽引する圧倒的No.1ブランドであり、会社の売上の半分を占める最重要商品。カテゴリの縮小と売上減少に危機感を募らせたメーカーは、競合プレゼンを実施。次期社長と噂されているマーケティング部長が実質的な意思決定者。テーマは、ブランドの成長戦略＝カテゴリ活性化戦略の抜本的な見直し。広告だけでなく、商品開発も含んだマーケティング・コミュニケーションの総合提案。既存パートナーに加え、広告会社A社など数社が参加。A社は、広告はもちろん、パッケージデザインもできる超巨匠のクリエイターを起用。また、マーケティング部長や現場社員複数名に頻繁にアポを取り、描いている戦略や提案の方向性が間違っていないことを何度も確認。新商品アイデアからマーケティング・コミュニケーションまで、一気通貫した企画案を提案。クライアントからは「ベスト・プレゼンテーションでした（原文ママ）」と圧倒的な評価。ところが結果は、既存パートナーの勝利。

どうしてもすぐに答えを見たくなるものですが、左ページを見るのはグッと我慢しましょう。最初のクイズ問題ですので、10分ほど時間をとって、ノートに敗因を列挙してみてください。正解（実際に起きたこと）を当てるのが目的ではありません。想像力（妄想力）を駆使して様々な理由を洞察するのが狙いです。可能な限り、思いつく理由を挙げてみてください。その想像力（妄想力）は、必ず本番の業務で活きるからです。正解はありません。強いて言えば、たくさん挙げられた人が正解です。

（Thinking Time…………）

いかがでしたでしょうか。それでは、よくある回答例を挙げてみます。

回答例①

○ターゲット設定のミス
○戦略の方向性違い
○企画がつまらなかった
○新商品アイデアが弱かった
○パッケージデザインが悪かった
○タレントが好みじゃなかった
○提案に一貫性がなかった
○見積もりが高すぎた

回答例②

○Aという会社そのものが不安だった
○既存パートナーと蜜月の関係だった

○ **マーケ部長が意思決定者でなかった（本当は社長だった）**
○ **マーケ部長の裁量を超えた提案だった**
○ **頻繁にアポを取ったのが鬱陶しいと思われた**
○ **クリエイターが大物すぎた**
○ **競合プレゼンが中止になった**

実は、回答例①と②には、敗因としての質の違いがあります。それは、①企画書やプレゼンの中身の理由」か「②企画書やプレゼンの枠の外の理由」かです。言い換えれば、「①提案の中身をつくるスキルが優れていたら勝てた」のか、「②勝つ環境を整える方法論で回避できた」のかの違いです。さてあなた自身は、どちらの敗因をより多く挙げましたか？

提案の枠の外の理由で負けている

このクイズをやると、「提案の中身の理由」をたくさん挙げる人がほとんどです。しかし、**実は多くの場合、「提案の枠の外の理由」で負けています。**第一部6章でお話しした、「会社そのものへの不安が払拭できなかった」も、提案の枠の外どころか、それ以前の話です。「中身勝負」に持ち込めているならまだマシで、多くの場合は、そこに持ち込むまでもなく負けています。土俵に上がった瞬間に負けている。ここへの気づきが、負けフラグ回避への第一歩です。私が大阪時代に勝率5割を達成できたのは、実はこの「提案の枠の外の理由」で負けることがなく、純粋に「中身勝負」ができていたからです。戦略のキレや、企画の斬新さ、それらの一貫性。当然ですが見積もりも含め、「提案の中身」です。

さて参考までに、このケースの「実際の敗因（のひとつ）」をご紹介します。

答え

勝負は既に決まっていた

マーケティング部長がお願いしたいクリエイターがあらかじめ決まっている、出来レースの競合プレゼンだった（怒）。

かなり古い事例なので時効ですが、今ならコンプライアンス違反でアウトです。負けた側ですので非常に腹立たしかったですし、いわゆる残念な競合プレゼンの最たるものです。本来であれば、競合プレゼンを開いてはいけない状況と言えるでしょう。

ただし、ここで私が主張したいのは別のことです。見方を変えて、既存パートナーの立場に立てば、最小の労力で勝利を収められたのです。まさに、してやったり。試合の前に勝負を決めていたことになります。ちなみに余談ですが、このキャンペーンは後日、大失敗。少し溜飲が下がったと同時に、複雑な気持ちになったことを覚えています。

Phase

0

兆し

コンプライアンスに反するのはダメですが、**戦わずして勝つのが最も良い勝ち方**です。そもそも、競合は回避できるに越したことはありません。

競合回避をバスケットボールで例えるなら、オフェンスリバウンドをとるようなもの。『スラムダンク』の安西先生に言わせれば「マイナス2点が消え、プラス2点のチャンスが生まれる」わけです。失注（ライバル社に案件が渡る）リスクを回避する。さらに、案件を成功に導き、利益を上げ、クライアントからの評価を高める。つまり、**競合回避には「＋4得点」の価値がある**のです。

自社のコストやリソースを浪費しないという意味でも、競合回避こそが最も良い勝ち方と言えます。「回避」は「勝利」より目立たないのですが、本当はもっと社内で評価されるべきです。まずは、今担当している案件を「競合にさせない」ことが何より大事だと肝に銘じましょう。そのためには、**競合になりそうな「兆し」を察知すること**が必要です。

Method 1
競合プレゼンは『日常業務の延長線上』

普段から自社に有利な環境を整えておければ、仮に諸事情で競合になったとしても、戦いを有利に進められます。それには何よりも、日々の業務で培った信頼関係がモノを言います。特にニューノーマル時代、クライアントへの物理的な訪問が制限される中において、信頼関係が既に構築できているのは、競合になってからも大きなアドバンテージです。

信頼関係の裏には、2つの心理的効果が潜んでいます。ひとつは「単純接触効果」です。これは、繰り返し接すると好意度や印象が高まるという心理効果です。「ザイオンス効果」と呼ぶこともあります。もうひとつは「返報性」です。これは昔からよく知られていますが、ロバート・B・チャルディーニの著書『影響力の武器』によると、「返報性」とは、相手から何かを受け取ったときに「こちらも同じようにお返しをしないと申し訳ない」という気持ちになる心理効果のことです。

単純接触効果を意識して、リモート環境であっても、クライアントとの接触頻度を高める。もちろん、ただ数多く会えば良いわけではありません。そこでいかに相手から感謝される行動を積み重ねられるかが大事です。そこで、返報性を意識して「ギブ&ギブ」の精神で向き合います。まずは**日常業務に真摯に、誠実に、丁寧に取り組むことが、競合プレゼン勝利への最短ルート**だと肝に銘じましょう。

Method 2 既存チームの『不の棚卸し会議』をする

よくビジネスでは、顧客の「不」を解消せよと言われます。不満、不安、不快、不便。これはクライアントが相手でも同じことです。日々の業務に真摯に向き合っていても、いつの間にか、クライアントに様々な「不」がたまってしまっていることがあります。**小さな「不」も積もり積もれば、競合プレゼンを開く理由（きっかけ）になり得ます。**勇気が必要ですが、定期的に「不の棚卸し会議」を開き、クライアントから正直な意見を吸い上げるべきです。ポイントは、会社対会社の正式な場を設定して、正面から堂々とクライアントに向き合うことです。一部の担当者にアプローチしたり、裏でこっそり聞き出したりするのではなく、オープンな姿勢で臨むことが肝要です。正面から、真摯な姿勢で、日頃の業務や仕事ぶりを振り返る時間を持ちましょう。

クライアントから一方的に不満を聞くよりも、相互評価の場にする方が、パートナーとしての建設的な態度かもしれません。外資系企業では、クライアントとパートナー企業が、お互いに「成績表」をつけ合って、業務改善に向けて協議する会を設けることがあります。この向き合いができるかどうかは、真のパートナーとして認めてもらえるか、その延長線上として競合を回避できるかの、大きな分かれ道です。

Method 3 『自主提案』で定期的に換気する

通常業務／指名業務での最大の敵は、マンネリ化です。ときには自主提案をして、マンネリ化しがちなチームに、新鮮な風を送り込みましょう。自主提案のテーマは、時事的なトピックスを取り上げても良いですし、他分野の研究でも良いです。日頃の業務とは離れたテーマを選び、視野を広げる場として活用しましょう。自主提案に、自社のケイパビリティ（能力や強み）を具体的に示すことも組み合わせられれば、なお良しです。例えば半年に1回は必ずやるなど、習慣化することをおススメします。

第一部2章で話しましたが、クライアント企業が競合プレゼンを必要とする理由に「チームの入れ替え、活性化、新陳代謝」があります。これは理由というより「きっかけ」に近いので、競合にする隙を与えないことが狙いです。定期的な換気を心がけましょう。

Method 4 キーパーソンの変更には『即・速』対応

クライアントの決裁者やキーパーソンの変更・異動があったら、すぐにアプローチしましょう。既存案件の場合はリスク回避のために。逆に、新規案件の場合はチャンスと捉えて。スピーディに対応できるように、いつでもクレデンシャル（会社紹介）をできるように、資料は常にアップデートしておくべきです。自社の印象を高めつつ、ライバル社の印象もヒアリングしておきましょう。

この動きは「**一刻も早く**」「**他社に先駆けて**」が最重要ポイントです。極論を言えば、クレデンシャルの内容が良い会社よりも、一番早くアプローチした会社が、最も好印象を抱かれます。なぜなら、仮に最初のクレデンシャルが先方の期待とズレていたとしても、そのズレを修正する2回目を、早々に行えるからです。また、1回目のクレデンシャルで先方の課題感が引き出せれば、次の提案アクションにすぐに取りかかれます。メールの返信と同じで、「**即レス・イズ・マネー**」と心得ましょう。

Method 5 『レイヤー営業』で競合の兆しを見抜く

レイヤー営業とは、**複数の情報ルート**を確保して、クライアントから情報収集することです。クライアントの部長職には、こちらの部長職クラスを。課長職には、課長職クラスを。といった感じで、相手の役職ごとに別の営業を立て、クライアントに接することを意味します。

いわゆるクライアントの「偉い人」の方が、当然、競合プレゼン開催の権限があります

レイヤー営業で複数の情報ルートを確保

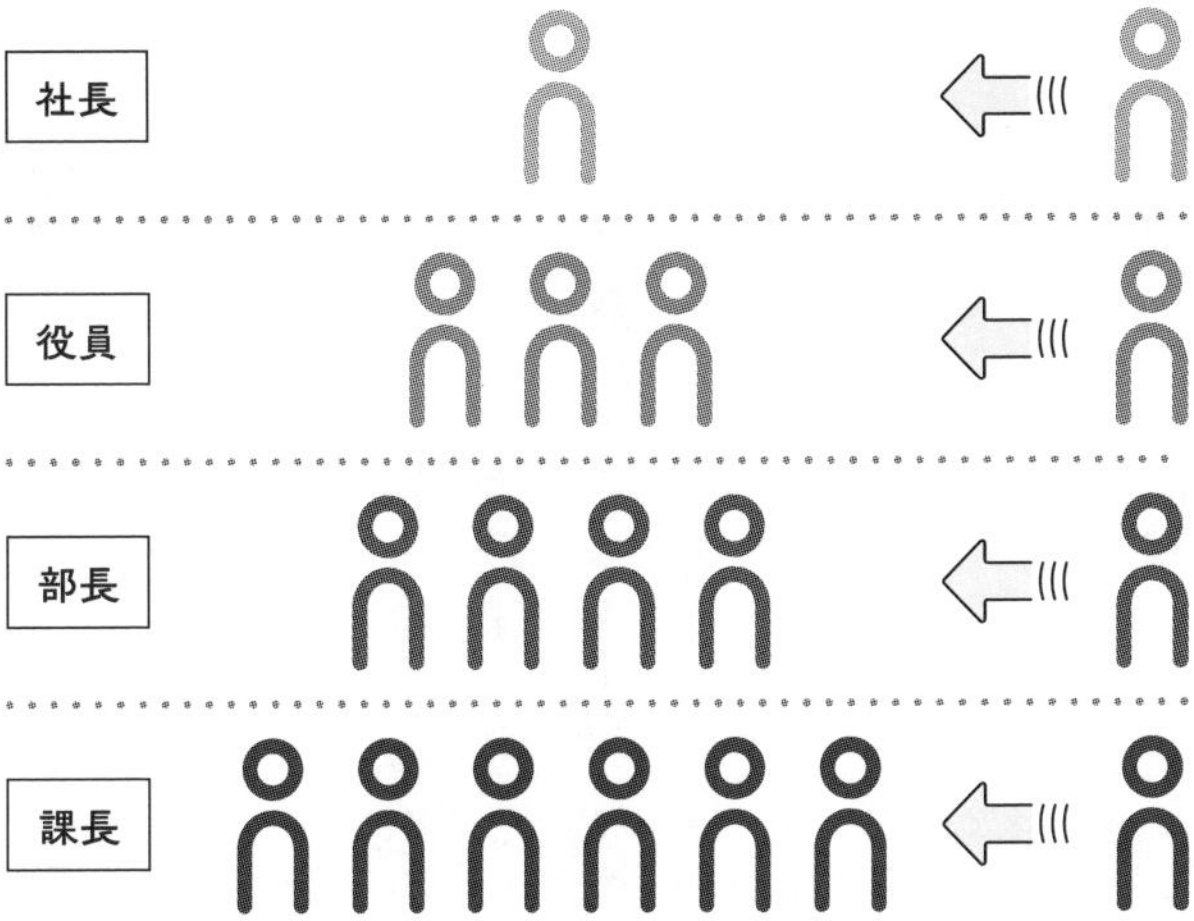

ので、そこへのルートを持っていることは重要です。競合になりそうな兆しが掴めれば、それだけ早く対処できます。一方、現場レベルの情報ルートも見過ごせません。

例えば、女性モノがメインのクライアントの現場担当が、なぜか男性について調査していることを知ったとします。それはもしかしたら、男性向け商品の投入を計画しており、近々競合になるのかもしれません。いつもと違う動きをしている現場担当を見つけたら、要注意です。

Method 6 相手の『1～2つ上の役職』を意識して話す

クライアントとの関係性が薄い、あるいは、人的リソースが足りないなどの理由で、複数の情報ルートが確保できない場合も多々あります。そのときは、相手の「1～2つ上のレイヤー＝役職」を意識するのが効果的です。よく、**ビジネス営業において「相手の目線に立って会話しよう」と言われますが、それは「相手の1～2つ上の役職を意識して会話する」こと**だというのが、私の解釈です。ビジネスパーソンは常に、自分の1～2つ上の役職を意識しながら働いています。課長→部長→役員→社長→株主（もちろん最後には顧客がいる）。その相手に、どう説明すれば提案が通るか？　何をすれば評価されるか？　それを毎日考えています。

そこで、こう問いかけてみましょう。「課長（あなた本人）はどう思いますか？」加えて、「部長（1つ上の役職）なら、どうお感じになると思いますか？」と。もし課長と部長の意見が「同じだと思いますよ」という返事であれば、それは確かな情報と言えるでしょう。逆に、

「ちょっと意見が違うんですよね」であれば、クライアント社内でも一枚岩になっておらず、それゆえ、競合プレゼンの争点になり得るポイントなのかもしれません。「相手」＋「1～2つ上」という2レイヤーを意識して接することで、自分ひとりでも多面的な情報収集ができるのです。

Method 7

相手の『1～2つ上の組織』の課題を掴む

レイヤー営業は「役職＝人物」の観点からの考え方でしたが、「組織」の観点から捉え直すこともできます。「課長＝チーム」「部長＝事業部」「社長＝会社全体」と捉えれば、レイヤー営業とは、「1～2つ上の組織」の課題を掴むことと言い換えられます。

例えば「サステナビリティの推進」がテーマだとしましょう。「課長＝チーム」レベルでは「現場担当としての知見のなさ／忙しさ」がネックになっています。「部長＝事業部」レベルでは「他部署との連携が上手くいっていないかも」と心配しています。「社長＝会社全体」レベルでは「サステナビリティを担う次世代リーダーの不在」を問題視しています。このように、同じ「サステナビリティの推進」がテーマだとしても、**組織階層が違えば、課題の捉え方はまったく異なります。**必然的に、提案の方向性も変わってくることは、言うまでもないでしょう。

Method 8 奥の手は『社内競合』で競合回避

身も蓋もないことを言いますが、**クライアントも、実は競合プレゼンなんてやりたくありません。**時間も労力もかかります。オリエンの準備もさることながら、提案をたくさん聞くのも、実はかなり大変な作業です。上申や社内調整を経て、採用社を決定するのも、様々な困難を伴います。参加社はつい、提案がゴールだと思いがちですが、クライアントにしてみると、提案を受けてからこそが本番です。また、クライアントの担当者は、上手にプロジェクトを仕切り、意思決定できるかを、社内で試されています。競合プレゼンは、肉体的にも精神的にも、とても負荷がかかる業務なのです。

もし、クライアントが競合プレゼンを開く理由が「多くの案やチームを見てみたい」

社内競合で無駄な争いを避ける

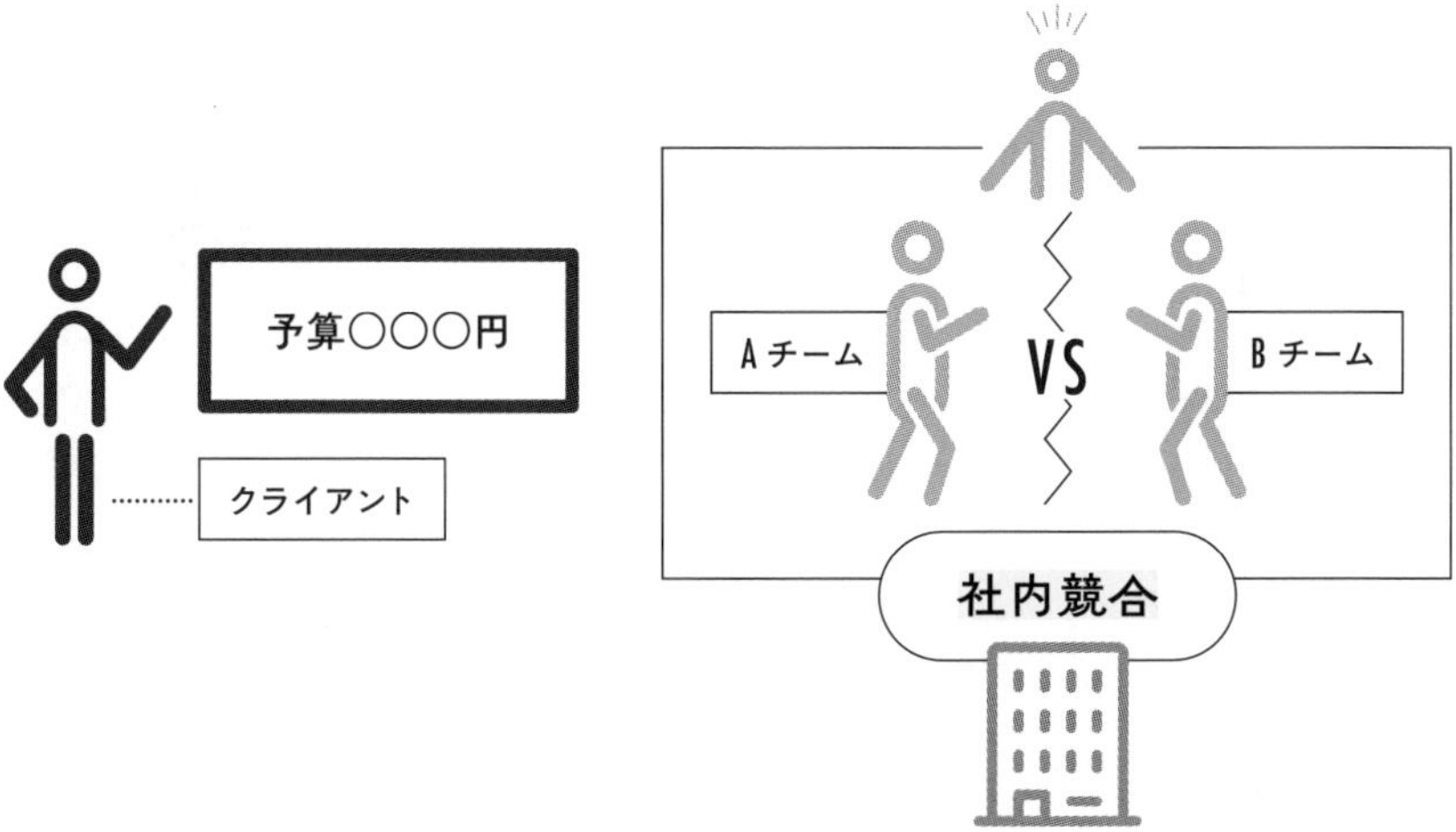

ことであるならば、必ずしも、複数社を集めた競合プレゼンを開く必要はありません。社内競合という形を打診し、競合を回避してもらうのもひとつの手段です。社内で複数チームを擁立し、どこが勝っても、自社に利益が落ちることに変わりはない。スタッフの立場からすると嫌ですが、営業として、会社としては、正しい判断だと思います。

Phase 1

オリエン前

競合プレゼンでは、早い初動と情報収集が勝利の鍵を握ります。競合プレゼンの兆しを掴んだら、オリエン直後からスタートダッシュできるよう、準備を整えておきましょう。個人的な感覚ですが、とにかく時間がない競合プレゼンでは、**初動で7割が決まる**と感じています。「勝負はオリエン前から始まっている」と、肝に銘じましょう。

デスクリサーチレベルで構わないので、関連しそうなデータを拾っておく。調査の段取りを組んでおく。オリエン後にキャンセルする可能性も含みで、スタッフや協力会社に予告しておく、などなど。やれる準備は山ほどあります。コストが発生しない範囲で、事前にできる作業には着手しておきましょう。そして最も大事なのは、**競合プレゼンに至った経緯や背景を詳しく知る**ことです。

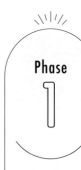

Method 9 オリエンシートを一緒につくり『背景』を掴む

クライアントと一緒にオリエンシートをつくれる関係ならば、勝率はかなり高いと言えます。その理由は、自社に都合良くオリエン内容を誘導できるからでは、決してありません。オリエンシートを一緒につくる作業を通して、**深い背景情報を掴み、真の課題（イシュー）を理解できる**からです。オリエンシート作成に悩むクライアントも多いので、一緒につくらせてくださいと、打診して損はありません。それがかなわずとも、事前にオリエンシートを入手できることのメリットは、かなり大きいものです。暫定版でもいいので、一日も早く手に入れましょう。

また、オリエンシートの事前入手ができるか否かにかかわらず、キーパーソンへの事前アプローチは、言わずもがな必要です。競合プレゼンに至った経緯や背景など、徹底的に情報収集しておきましょう。クライアントのキーパーソンや現場担当だけでなく、株主や関係会社からの情報収集も必要です。クライアントの不満や問題意識、自社やライバル社の評価・期待などを、できるだけ多岐にわたる情報ソースから把握するようにしましょう。

クライアントの「偉い人」の最近のインタビュー記事や年初の挨拶、ＩＲ資料などは、偉い人の考え方やよく使う言葉（キーワード）が多く記載されているので、背景を掴むのに役立ちます。事前入手可能な資料なので、早めにチームでシェアしましょう。

Method 10 背景を掴むとは『不』を掴むこと

ひと口に「競合プレゼンに至った背景」と言っても様々ですが、大きくは2種類に分けられます。公式な書面にしても差し支えない「**よそ行きの背景**」と、公式な書面にするのは憚られる「**生々しい背景**」です。そして、オリエン前のこの時期に、絶対に掴んでおかなければならないのは「生々しい背景」の方です。それはもっと具体的に言えば、クライアントの「不」です。

「Phase⓪兆し」の中で、「既存チームの『不の棚卸し会議』をする」というメソッドを紹介しました。「不満、不安、不快、不便」が積み重なると、競合プレゼンを開く理由（きっかけ）になります。**競合プレゼンを開く以上、クライアントは何かしらの「不」を感じています。**そして、その「不」を解消してくれるパートナーを探しています。ごく稀に、何の「不」がなくても、ルールで仕方なく競合になる場合もあるのですが、それはほぼ勝てない案件ですので、ここでは無視します。

しかし、オリエンシートという「よそ行きモード」の資料には、生々しい「不満、不安、不快、不便」は載っていません。オリエンシートは全社共通であることがほとんどなので、そこに「既存取引先の動きが悪いから競合にしました」などという、「生々しい背景」は書かれないのです。実際は「事業を今一度、成長軌道に乗せるという目的のもと、それを一緒に達成できるパートナーを探したいと思い、競合プレゼンを開きました」という、「よそ行きの背景」に変換されています。だからこそ、オリエンという公式な場が設定される前に、非公式なヒアリングで、これを聞く必要があるのです。そして、この**「不」を徹底的に解消することで、勝率はグッと高まります。**

Method 11 『オリエン前仮説』を持つ

「オリエンを聞いてから動き出そう」と、のんびりしている方も意外と多いのですが、それでは動きとして遅すぎます。オリエン前でも、やれることはたくさんあります。そのひとつが、オリエン前ミーティングです。先んじてスタッフィングしたメンバーと、情報収集や、クライアントニーズ・課題の想定をして、準備体操をしておきましょう。これは、メンバーのモチベーションアップの効果もあります。頭と気持ちを温めた上で、オリエン本番に臨みましょう。

オリエン前ミーティングを開くのがベストですが、開催できなかったとしても、必ずやってほしいことがあります。それは「**オリエン前仮説**」を持つことです。よく、「オリエンを聞いてからでないと考えたことが無駄になる」と言う人もいますが、それは間違いです。

オリエン前時点での仮説は、間違っていても問題ありません。むしろ、仮説を持っていることそれ自体に価値があります。なぜなら、**仮説を持っているからこそ、オリエンを正しく受け止められる**からです。逆に仮説がないと、考える拠り所がなく、クライアントの真意を正しく受け止められません。そして、オリエン前仮説の立て方には、ひとつコツがあります。

Method
12 『ピュアなひとりの生活者』であれ

オリエン前に集めるべき情報や、立てておくべき仮説は、業界によって様々かと思います。ですが、共通して言えるポイントがあるとしたら、それは**「ピュアなひとりの生活者としての自分」**を大事にすることです。

オリエンは早く聞くに越したことはないのですが、実は聞いてしまったが最後、感情移入してしまい、もうそれ以前の自分には戻れません。クライアントの情報や事情にまみれた自分になってしまいます。それは、クライアントの良き理解者となり、商品やサービスのファンになるという意味では良いこともあるのですが、客観的で冷静な判断という意味では、バイアスにもなり得ます。だからこそオリエン前には、「オリエン前の自分にしか考えられないこと」を考えておく必要があります。「オリエン前の自分」とは、クライアント事情をインプットされる前の「ピュアなひとりの生活者としての自分」のこと。その視点で情報に触れ、仮説を立てるのです。

広告業界を例にとれば、「商品／サービスに触れた際の感想は？」「ＣＭなど広告コミュニケーションの印象は？」「それって感覚的に好き？　嫌い？」「商品／サービスのどんな点を改善してほしい？」といった点を、自分の言葉でメモしておきましょう。

Method 13 オリエン前後の『人格』を使い分ける

一度相手に好意を持ってしまうと、その人のすべてが魅力的に見えてしまう、という経験はないでしょうか。ちょっとドジな面があっても、それが魅力のひとつに思えてしまうなどです。心理学では「感情移入ギャップ」と呼びますが、人はとある感情を持つと、そ

オリエン前後では違う自分

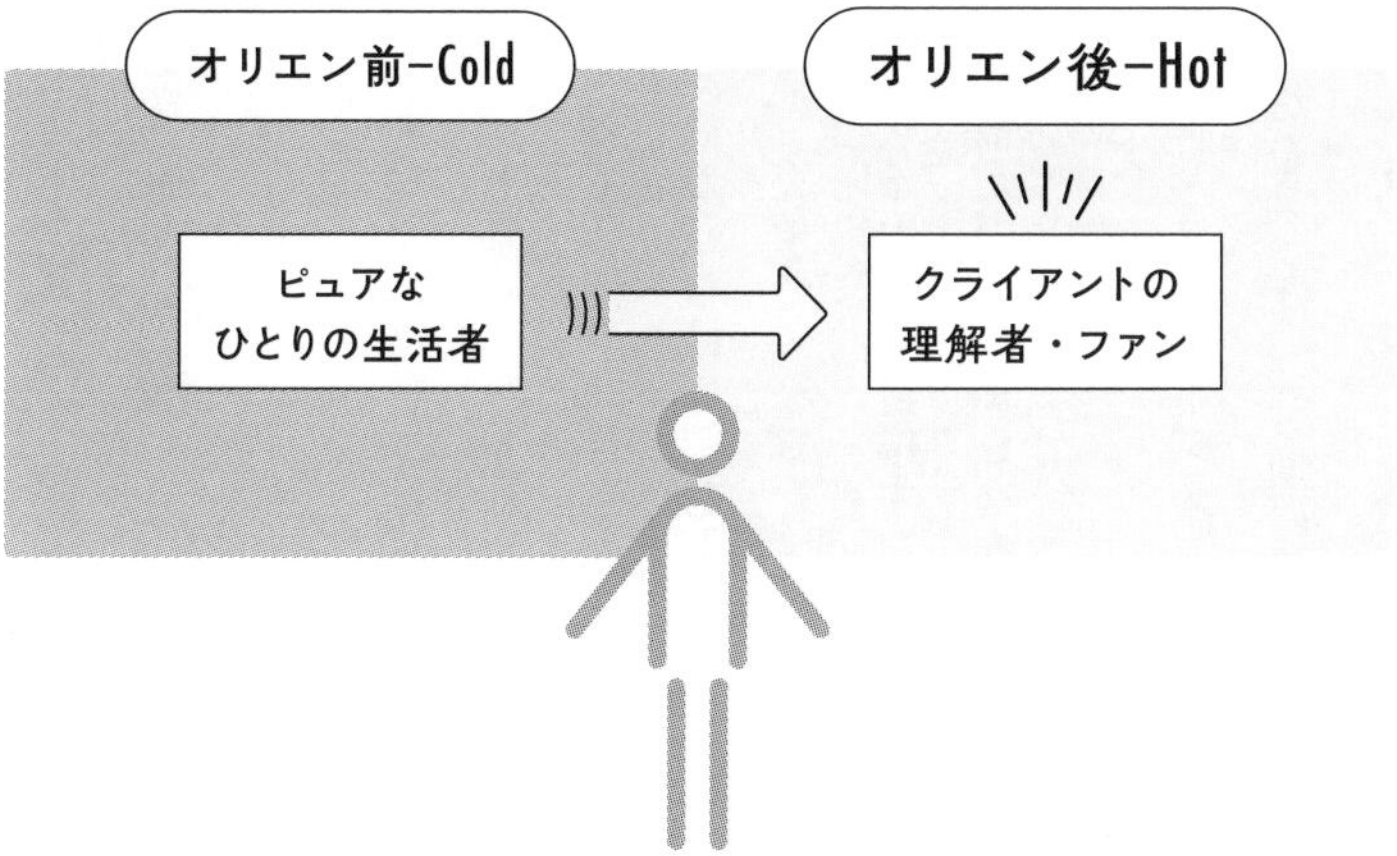

の感情を持たない立場から物事を考えることが難しくなってしまうのです。「Cold-Hot Empathy Gap」と呼ばれることもあります。恋愛などがまさにそうですが、Coldである人はHotの状態を、またHotである人はColdの状態を、想像することが難しいのです。

しかし、このバイアスの存在を知っておくことには意味があります。オリエン前後の自分を、意図して使い分けることができるからです。オリエン前の「ピュアなひとりの生活者」としての自分。オリエン後の「クライアントの理解者・ファン」としての自分。二人の自分を使い分けて、「**クライアントと世間との感覚のズレ**」をあぶり出すことができるのです。

Method 14 キースタッフは先手必勝

中心となるスタッフは真っ先に掴まえておき、オリエン前から一緒に動き始めるのが理想です。もちろん、オリエンを聞いてからでないとすべての必要な機能はわかりませんので、すべてのスタッフを揃えることはできません。しかし、競合プレゼンの大枠の情報を掴んでいるならば、中心となるスタッフだけは先に巻き込んでしまいましょう。そうすることで、スタッフのモチベーションも変わってきます。逆に、スタッフの立場としてセンタープレイヤーを目指すなら、営業とともにオリエン前から動き始め、一緒になって勝つ環境を整えていきましょう。

プロジェクトマネジメントにおいて、「**計画が先か、人材が先か**」は、重要なテーマです。「計画が先」とは、「計画に基づいて適切な人材を集めることで、プロジェクトは成功する」という考え方です。一方で「人材が先」とは、「優秀な人材を集め、走り出しているうちに、結果としてプロジェクトは成功する」という考え方です。

競合プレゼンは、クライアントからテーマが降ってくるので、「計画が先」という考え方が基本になります。必要なメンバーは案件によってまちまちです。それ以前に、人的リソースにも限りがありますので、いつもベストなチームが組めるとは限りません。しかしながら、良い人材を集めてチームが組めれば、それだけで勝率がグッと高まることも、また事実です。いつも安定して結果を残せる優秀な人材がいるのであれば、テーマによらず掴まえておくことも、ある意味では正解です。もし、テーマによらず、理想のチームを組めるとしたら、次のようなタイプの違うコアメンバー４人を集めることを意識してみてください。

①クライアントのキーパーソンとトップ外交できる人（政治系）
②クライアントの現場と良好な関係を築ける人（人脈系）
③クライアントの課題を握れる人（左脳系）
④アイデアで勝負できる人（右脳系）

この４人を揃えられたら、どんなテーマでも戦えます。自身がどのタイプかを見極めながら、他のタイプの信頼できる仲間を増やしていきたいですね。

Method 15 スタッフィングはもめてナンボ！

ここでこだわってほしいのは、**優秀なメンバーを集める努力**です。多くの場合、この努力をせずに、簡単に引き下がり、上から与えられた人材だけで戦おうとします。確かに、どこも人手不足ですので、みんな少ない手駒で戦っているのが実情かと思います。また、優秀な人ほど忙しいのは事実です。社内手続きに厳しい会社であれば、正規のルートでスタッフィングを打診すると、優秀な人材をあてがってもらえないことも多々あります。しかし、それを当たり前のものとして、簡単に受け入れないでほしいのです。

例えば、あなたが理想とするメンバーを集める努力をせず（簡単に引き下がってしまい）、結果として競合プレゼンに負けたとしましょう。そのとき上長に「このメンバーでは最初から無理でした」なんて報告しようものなら、大問題です。優秀な人をアサインしてくれなかったことは棚上げされて、「だったら最初から言えよ！」と、お叱りを受けます。結果、競合プレゼンに負けた事実以上に、あなたの評価を下げてしまいます。

逆に、スタッフィングで多少もめたとしても、優秀な人材を確保し、結果として勝てたなら、多少のもめ事は水に流されます。最初は「うるさいやつだ」と思われるかもしれませんが、結果として残るのは、あなたが競合プレゼンに勝利したという実績のみです。

最初にもめておくことで、あなたが関わる案件が高い難易度であると、周囲の関係者に情報発信することもできます。そのような警鐘を鳴らしておけば、いざというとき、周囲の助けを得やすくなります。波風を立てずに業務進行することだけが、正解ではありません。**意図的に摩擦を起こすことも、勝利につながる**メソッドと心得ましょう。

Method 16 スタッフィングの勇み足には注意！

とはいえ、先にスタッフィングできるのは、ある条件が揃っているときです。担当経験のある領域で、事前の情報収集がある程度できており、クライアント組織に大きな変更がない場合です。このようなときは、ある程度の予測が立ちますので、先手必勝でスタッフィングしても良いでしょう。

一方、クライアントの社長やCMOが交代した、経営方針に大きな変更があった、マーケティングに新しい手法を導入したなどの場合は、注意が必要です。なぜなら、**プランニングの方法論が大きく変わる**からです。急いでスタッフィングしたのは良いものの、蓋を開けてみたら、その人とは畑違いのテーマだった。でも、今さら降りてもらうのも気まずい。なんてことも起こり得ます。勇み足にはご注意を。

Method 17 上司を動かせ、タダだから

競合プレゼンでは、例えば「全社をあげた強固な体制構築アピール」が必要な場合もあります。しかし、どんなに言葉を尽くそうと、あなた自身が会社の中で偉い役職に就いていない限り、相手に信用してもらえません。

そのような場合は、トップ外交してもらうよう上司を動かしましょう。**なんせ上司を動かすのはタダ**ですから、使わないのはもったいない。これは、上司が勝手に動くことを期待して待っていてはダメです。あなた自身からけしかけることが必要です。「誰の口から

言わせるのがベストか」を考え、それが「自社の偉い人」だと思ったのなら、遠慮なく動くべきです。それが、センタープレイヤーとしての判断です。

ちなみに私は、「社長に言わせること」を文章にして、営業部門の役職者に託したことがあります。そこまでやったら、後はその人がどう社長を説得して動かすかなので、知らんふりして、任せておけばいいのです。

Phase 2

オリエン／直後

競合プレゼンでは、クライアントの「オリエン」から、一気に動きが加速します。最も大切なことは、**オリエンの根底にある課題（真のイシュー）を掴む**ことです。オリエンを聞く際のコツや、背景を深掘りするための質問の仕方、オリエン直後の動きを確認しておきましょう。

Method 18

『オリエン前仮説』を検証しながら聞く

オリエンは漫然と聞くのではなく、事前に考えていた「仮説」と比べながら聞くのがコツです。事前の仮説と何が違っていて、どのくらいの距離が離れているのか、そこに疑問を持ちながら聞きましょう。

「思った通りだな」であれば、とりあえずはOKです。でも実は、「認識がまったく違うな」のときの方がチャンスです。なぜなら、**なぜその認識の違いが発生したのか、そのギャップにこそ、鋭い提案のヒントが隠されているから**です。単に、自分の情報不足や認識違いから来るギャップなのか。はたまた、クライアント自身がマーケットや生活者を正しく把握できていないのか。もちろん、後者の場合がチャンスです。

Method 19 オリエンシート『以外』の情報にアンテナを張る

オリエンを聞く際には、当然、オリエンシートを理解することが大事なのですが、さらに大事なポイントがあります。それは、オリエンシート「以外」の情報にアンテナを張ることです。

特に、クライアントの「偉い人」の冒頭の挨拶や、非言語情報（仕草や表情）に注意です。オリエンシートの書き方は、クライアントによって様々ですが、**「今回の競合プレゼンが、社内の経営上どんな位置づけなのか？」**という重要情報については、書かれないことが多い印象です。それを偉い人が口頭で話すことがあるのですが、意外と、後になって「あれが本質的に重要だったのか」と思うことが多々あります。

リモート環境でのオリエンだと、相手の表情が見えないこともありますが、後で読めば良い資料に目を奪われるのではなく、その場でしか収集できない情報に細心の注意を払いましょう。可能であれば、クライアントに、オリエンの録画・録音の許可をもらいましょう。オリエン作成の参考にしたデータを共有してもらうことも忘れずに。

Method 20 徹底的な質問攻めでオリエンの『裏側』を問う

オリエンの裏側を知るために、徹底的にクライアントを質問攻めにしましょう。一社だけの単独オリエンの場合は、その場でヒアリング。複数社が一堂に会する合同オリエンだった、あるいは時間がなかったなどの理由でその場で聞けなかったら、後日、質問会を設けてもらいましょう。

クライアント内の議論が「オリエンシート」になってしまうことで、削ぎ落とされてしまった情報が必ずあります。すべての想いをシートに落とし込むことは不可能です。物理的に削除されてしまった項目もありますし、オリエン準備の議論での熱量は、シートには反映されません。どこに最も注力したのか、どこでクライアント社内の意見が分かれたのか、徹底的に聞き出しましょう。

代表的な質問例を挙げてみましょう。「仮に予算の制限がなかったとしたら？」という質問で、相手が理想とする提案像を引き出すことができます。また、やや抽象的なオリエンだったら「具体的には？」「例えば？」「なぜですか？」という質問で、どんどん具体化し、意図を掘り下げていきます。「他に気になっている点はありますか？」「個人的な意見で構いませんので……」という質問で、オリエンシート化されなかった、現場の不安や意見を聞き出すこともできます。デリケートな内容で相手が答えにくい質問に関しては、「あくまで良い提案をするためにお伺いしたいのですが……」と、質問の意図を最初に話すのも効果的です。

ある程度のことが聞けたら、核心に迫る質問を投げかけます。「一番議論に時間をかけたのはどこですか？」「意見が分かれたところはありますか？」「強いて優先順位をつけるとしたら、A、B、Cのどれが最も重要ですか?」これらの質問で、オリエン内の重要ポイントをあぶり出すことができます。

裏側（背景）を問う際は、クライアントを怒らせる（くらい）まで、しつこく何度も聞くべきです。たまに、「あまり聞くと怒られる」と弱気な姿勢の人もいるのですが、誰のため、何のために仕事をしているかを考えれば、その弱気に意味がないことに気づくはずです。また、**質問を繰り返すことで、相手の思考が整理される**ことも、よくある話です。競合プレゼンでは、クライアントとの接触が制限されがちになります。また、普段取引のない（付き合いが薄い）クライアントの場合は、ここで聞かねば、他で取り戻す機会はありません。聞けるときにしつこく粘り強く聞く姿勢も、実は評価ポイントです。既に勝負は始まっていると自覚して、相手の課題の真意を引き出しましょう。

第一部3章で、「良い競合プレゼンは、クライアントと参加社の双方でつくりあげるものです」と述べました。その第一歩が、まさにこの場面だと思います。完璧にオリエンをできるクライアントがいないのと同時に、少ない情報から完璧に課題を特定できる参加社も存在しません。クライアントが可能な限りの情報と想いをオリエンシートに託す。参加社が、質問力を駆使して、相手の真意を引き出す。そうやって、お互いの作業を通じて、解くべき真の課題を明確にしていく作業が必要です。**通常業務以上に時間がない競合プレゼンだからこそ、質問力がシビアに問われる**のです。

ありがちな不幸なジレンマを超えて

ちなみに、競合プレゼンあるあるのひとつで、「質問の回答が全社に展開されてしまうので、参加社が質問をためらう」現象があります。クライアントにしてみると、重要な情報ほど全社に展開した方が、精度の高い提案が上がってくる確率が高まるとの思惑があるので、このようなルールで運営することが多いわけです。個別に回答する手間を省きたいという、運用上の事情もあるでしょう。一方で、質問が鋭ければ鋭いほど、ライバル社に気づきを与えてしまうために、どうしても他社と差をつけたい参加社は、質問をためらいがちになります。聞くべきことを聞かずに提案して、低いレベルでライバル社と競い合うのは、クライアントにとって何のメリットもなく、本末転倒です。しかし、参加社がどうしても受注を勝ち取りたい気持ちも、否定できるものではありません。競合プレゼン害悪説にもつながる、不幸なジレンマです。

このジレンマを解消するのはクライアントにしかできません。方法は2つです。ひとつは、質問への回答は全社展開せず、基本的には質問してきた会社のみに返答することをルールとします。ただし、プレゼンの根幹に関わるようなものに関しては、クライアント判断で全社に展開することもあるという条件をつけます。安心して質問してもらう環境を整えることで、参加社がためらうのを防ぐのが狙いです。

もうひとつは、基本的に回答は全社展開するけれども、鋭い質問をしてきたところには、一定の評価を加えることを、あらかじめ明言しておく、というルールです。もちろん、明確に評価を点数化するのは難しいかもしれません。しかし、鋭い質問をする「メリット」を感じさせないことには、参加社からは、当たり障りのない質問しか上がってきません。「評価する姿勢」を見せることには、少なからず意味があると考えます。

どちらが良い方法と断言はできないのですが、**理想は、鋭い質問がたくさん来て、本質的な課題が特定されることで、高いレベルの提案がたくさん集まること**です。そのような状況で戦ったのであれば、たとえ負けても、納得のいく気持ちの良い負け方だと思うのです。青臭い話に聞こえたら本意ではないのですが、どうせやるなら、意義のある競合プレゼンにしたいと願っています。クライアント側の方々は、ルール設定を再考してみてください。参加社側の方々は、もしジレンマに陥っていると感じたら、ルール変更を打診してみるのも一手だと思います。

Method 21

オリエンを『簡易プレゼン』にする

もし事前に仮説を考えていたのなら、オリエンの場でそれをぶつけてしまうのも良いでしょう。そうすることで、クライアントの意見を引き出せるからです。オリエンを「簡易プレゼン」と位置づけるイメージです。これももちろん、単独オリエンの場合、かつ、時間に余裕があるとき限定です。

「私は事前に、ひとりの生活者として〇〇と思っていました。だから、〇〇が訴求ポイントになると思うのですが、どう思いますか?」例えばこんな感じです。**具体的に踏み込んだ考えをぶつけるので、単純に質問や疑問をぶつけるよりも、生きた反応が引き出せます。**

とはいえ、これはかなり高度な振る舞いでもあります。準備不足だと感じたら、無理せずシンプルな質問（疑問点の解消）で終わらせるのも手です。こちらの意図がライバル社に

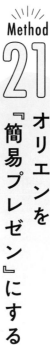

流れてしまわないように、情報管理にも注意しましょう。

Method 22 アホのふりして『用語の定義』を確認

クライアント担当歴の長さにかかわらず、オリエンで使われている「用語」の厳密な意味を確認すべきです。「担当歴が長いのに、わかってないと思われるのが嫌」などという、小さいプライドは捨ててください。

何となく流行りで使っているカタカナ用語や、カテゴリによって定義が変わるマーケティング用語には注意が必要です。特に注意すべきは「ブランド」「戦略」「新規顧客」「コミュニケーション」など。企業によって、または人によって意味するところがバラバラで、乱用されている用語の最たる例ではないでしょうか。

「ブランド」を例に挙げましょう。片山義丈氏の著書『実務家ブランド論』によると、単純に「企業／商品／サービス」を「ブランド」と言い換えているだけのパターンもあれば、「情緒イメージ」を「ブランド」と言い換えているパターンもあります。「LOUIS VUITTON」のような、いわゆるラグジュアリー商品をして「ブランド」と思っている人もいれば、「ロゴ／シンボルマーク」さえ有していれば、何でも「ブランド」だと思っている人もいます。また、「ブランディング」の意味も様々です。「情緒価値を訴求すること」「デザインをかっこ良く統一すること」「ステータスを感じてもらうこと」「ファンになってもらうこと」「販売促進の対極にある活動」「差別化をすること」「エクイティ（資産）を規定すること」「存在意義を規定すること」「顧客との約束づくり」「人格や個性を付与すること」などなど。挙げればキリがありません。

「コミュニケーション」も、提案側はかっこつけて「企業から発信されるすべての情報」のような、広義の意味で使いがちですが、クライアントは単純に「広告」という狭義の意味で使っているだけのこともあります。

これだけバラつきのある言葉ですので、その定義を確認しないままに業務を進めると、大事故が起きることは想像に難くありません。どの定義が正解か、という話ではありません。競合プレゼンにおいて大事なことは、**「クライアントがどういう意味合いで使っているか」**を確認することです。「ブランド／ブランディング」「コミュニケーション」はあくまで一例ですが、定義が曖昧な用語を放置しておくのは、負けフラグです。コツは「**その言葉を使わないとしたら、どんな言葉に言い換えるか？**」を知ることです。アホのふりして、しつこいくらいに確認しておきましょう。

Method 23 『ラップアップ会議』で認識一致

オリエンを聞いた直後が、最も頭と心がホットな状態です。一度解散して熱が冷めてしまう前に、認識一致のための「ラップアップ会議」を、オリエン直後に開きましょう。オリエンの受け取り方や認識がズレたまま、いたずらに時間が経過するのは悪手です。なぜなら、**放っておいても頭は自動的に思考を進める**ので、その間の思考が無駄になってしまうからです。

「脳は忙しくしているときよりも、何もせずぼーっとしているときの方が、2倍のエネルギーを使っている」という研究があります。「デフォルトモードネットワーク」と呼ばれますが、脳を意識的に使っているときよりも、何も考えていないときの方が、脳は活発に動いているそうです。また、「アイデアは三上（馬上、枕上、厠上）で生まれる」という格言もありますが、馬上（移動中）、枕上（横になっているとき）、厠上（トイレ）など、身体をリラックスさせ、ぼーっとしているときほど、良いアイデアが浮かんでくることがあります。アイデア発想の世界では経験的に知られていることですね。「アイデアが降りてくる」なんて表現されることもありますが、実は脳は無意識下で一生懸命働いてくれており、素晴らしいパフォーマンスを発揮してくれるそうです。その働きを無駄にしないためにも、間違ったインプット情報のままいたずらに時間を過ごすことは、絶対に避けましょう。

Method
24
『事実』と『意見』は混ぜるな危険

オリエンに参加できないメンバーに情報共有する際は、正確に行うことが肝心です。最初に変なバイアスがかかった状態で情報が伝わると、取り返しがつかないからです。そして、情報共有の際に特に注意すべきは、**「事実」と「意見」を区別する**ことです。ここで言う「事実」とは、クライアントの発言や、オリエンシートに書かれている内容です。つまり、クライアントがどう思っているかです。そこに、オリエン参加者が自分なりの解釈

「事実」と「意見」は絶対に混ぜるな

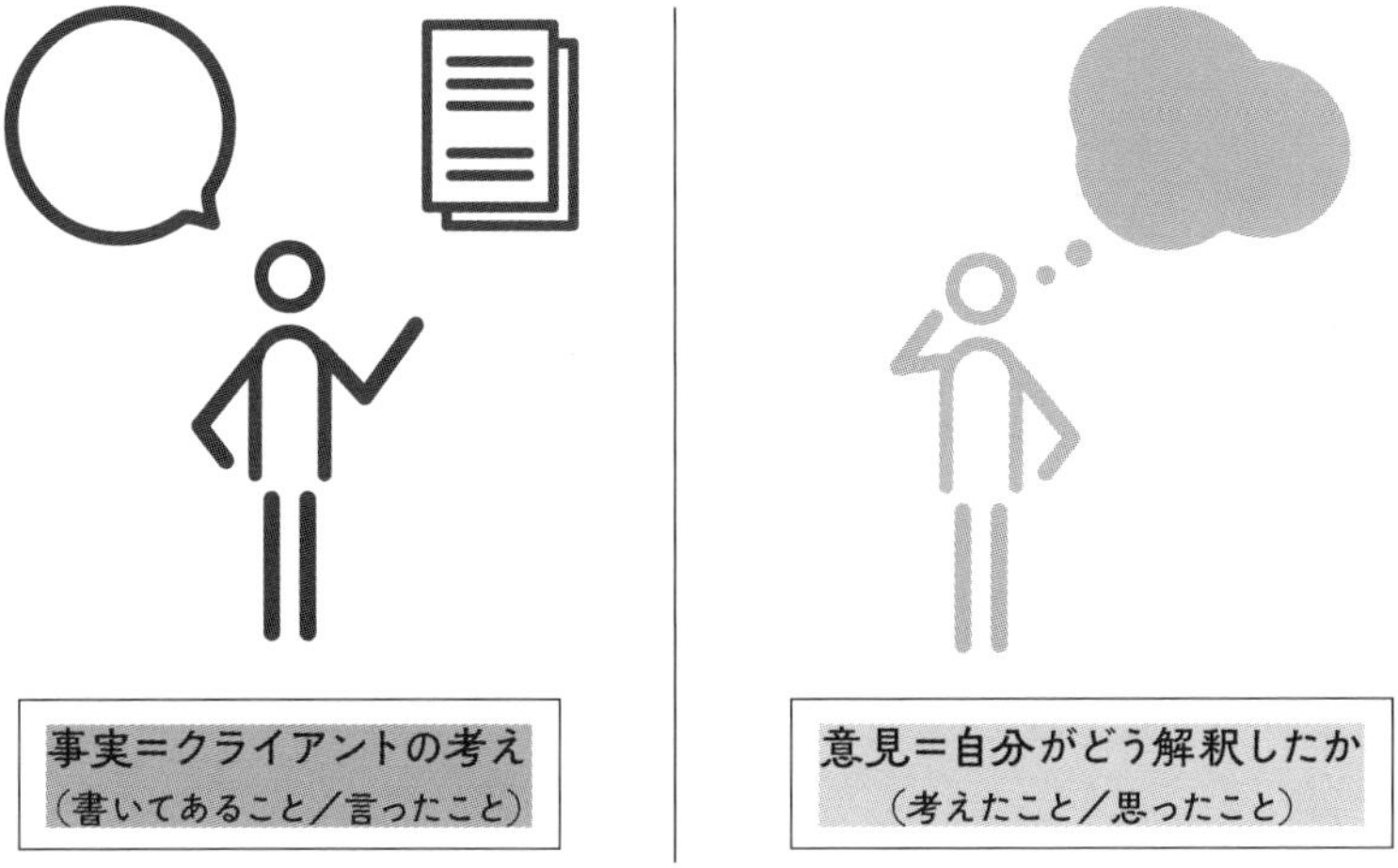

を加えたのが「意見」です。

あまりに基本的なことなのですが、特に、クライアント担当歴の長い営業の方は、注意してください。良くも悪くも、**クライアントを知り尽くしている（つもりになっている）営業パーソンは、「クライアントの考え＝自分の意見」と信じ切っています。**そうすると、情報伝達の際に「自分の意見」を、あたかも「クライアントの発言」のように伝えてくることがあります。典型的な「だろう運転」です。無意識で悪気がないだけにタチが悪いので注意してください。

私がオリエン内容を間接的に営業から聞く際は、しつこいくらいに質問します。「それは営業さん、あなたの意見ですか？」

「それとも、クライアントがそう発言したのですか？（事実ですか？）」「オリエンシートのどこに書いてありますか？」「それ、本当に確認したのですか？」などなど。嫌われる覚悟で、徹底的に出席者に問いただしましょう。

Method 25 メンバーに『期待』を寄せ、『意義』を語る

オリエン前に引き込んだキースタッフと相談しながら、残りのメンバーのアサインに動きましょう。提案のスコープと必要な機能を漏れなく洗い出したら、必要なメンバーがわかるはずです。ここでのスタッフィングで、提案内容の大枠が決まってしまいます。検討に時間をかけて良いところです。

ただし、「後からスタッフィングされた」という事実は、メンバーのモチベーションを下げることがあります。大人ですから、あからさまな不満を示す人はそうそういないと思いますが、「チームでの重要度が低い」と思われてしまうのは、損しかありません。そんな感情を抱かせないように、声をかける際は、最大限の敬意を持って接しましょう。

「ピグマリオン効果」という、教育心理学における心理的行動があります。別名「教師期待効果」「ローゼンタール効果」などとも呼ばれていますが、教師の期待の大小によって、学習者の成績が左右されることが知られています。**期待を寄せるという行為には、実はメンバーの能力を引き出し、勝率を高める効果がある**のです。

そして、全メンバーが揃ったら、リーダーが一発「号砲」を鳴らしましょう。できれば全員が顔を合わせて。それが無理なら、リモート会議でも、メールでも構いません。これから提案まで、一緒に戦い抜く仲間たち全員に向けて、この競合プレゼンに臨む意義や意気込みを発信しましょう。この競合プレゼンに勝つことで、社内でどんなインパクトがあるか。あるいは、このクライアントの案件に関わることが、社会的にどんな意味・意義を持つのか。**人は、意義を感じない仕事に情熱を持って取り組めません。**メンバーの積極的な参画を促すためにも、必要なアクションです。

競合プレゼンと通常業務の違いのひとつに、「チームビルディングをする時間の余裕がない」という点があります。だからこそ、こういった儀式的な「号砲」が必要だとも言えます。精神論に聞こえるかもしれませんが、一緒に戦うチームとして、最初にどう絆をつくるか、全員のモチベーションをどう高めるかなども、綻びのない提案には必要な要素だと思います。

Method 26
チームメンバーの『お見合い』を防ぐ

競合プレゼンでは、初対面の人とチームを組むことは珍しくありません。息のあったメンバーなら良いですが、お初のメンバーは「お見合い」が起こりがちです。まず、誰がどんな役割を担うのかをはっきりさせましょう。社内であっても、お互いにプロフィールを見せ合うなどするのも効果的です。全員にしっかりと自己紹介してもらう、チーム全員の名前と顔を覚える、メンバーの抜け漏れのない情報共有に努めるなどは、基本中の基本です。

最初にメンバーの懸念点を聞いておくことも重要です。例えば、子育てや介護があり、あまり遅い時間の稼働ができないメンバーもいるでしょう。平日はある程度無理は利くけれども、休日出勤はNGという人もいるでしょう。並行して抱えている業務が忙しく、途中までは関与が低くならざるを得ない場合もあるでしょう。そういった懸念点は最初に共有しておくことで、誰かに過度に業務が集中するようなリスクを避けられます。

境界が曖昧な仕事があるなら、どちらがやるのかを決めておきましょう。あるいは、ルーズボールを全部拾う係を決めておくのも手です。お見合いしているうちに時間が過ぎるのは、負けフラグそのものです。各領域の責任者を明確にし、コミットを高めるためにも、この時点でプレゼンターを決めてしまうのも手です。指示系統で混乱しないためにも、各領域の責任者と、連絡経路も決めておきましょう。

Method 27 もう戻れない『ゲート』を決める

プレゼン当日までの、すべての打ち合わせ日程を決めるのは困難です。なので、ポイントとなる「ゲート」を設定します。ゲートとは、「**そこを逃したら戻れないタイミング**」です。

例えば調査をするかしないか、するとしたら「○月○日」までに判断しないと、分析が間に合わない。企画を修正するなら、「○月の第○週」までにクライアントにヒアリングしないと、仕上げ作業が間に合わない、といった具合です。そのゲートに合わせて、柔軟に打ち合わせを組んでいきましょう。

Outlookなどのスケジューラーを使っている企業もあるかと思います。先々必要になってくる全体会議だけは、仮のインビテーションを送って、スケジュールを仮押さえしてしまいましょう。プレゼン当日はもちろん、リハーサルの日時と場所も、このタイミングで確定させてしまっても良いでしょう。もし、定期的に社内の「偉い人」の確認を取らないといけないような会社であれば、偉い人の予定を先に確保してしまいましょう。

スケジュールは、一度決めたら厳守しなければならない、というものではありません。業務の進み具合によって、都度更新していくものです。いつまでに、誰が、何をすべきか。本番までにどのあたりが忙しくなりそうかなど、チームの意識合わせを常にしておくことが大事です。ミーティングの冒頭では毎回、会議の目的とともに、更新したスケジュールを共有することを強く推奨します。

Question No.2

クイズです。先ほどと同様、次のケースを読み、可能な限りの思いつく敗因を挙げてください。一度挙げているものは省略して構いません。新たな視点の理由を追加してみましょう。繰り返しますが、正解はありません。妄想力を大爆発させてください。

問題

勝てるはずなのに取りこぼした競合プレゼン

外食企業の競合のお話。人口減少する日本において、今までのやり方では立ち行かなくなる危機感を抱いている。そこで社長は、抜本的なマーケティング／デジタル構造改革を打ち出す。その目玉として、外部から新たにＣＭＯを招き入れた。新ＣＭＯは華々しいキャリアを築いてきた敏腕マーケッター。経営やマーケティングに造詣が深く、生え抜きの社員からも一目置かれる存在に。新ＣＭＯは就任早々、年間パートナー選定競合プレゼンを実施。ＣＭＯ自らオリエンをした。広告会社Ａ社はコネクションがあったので、意思決定者がCMOであると把握済み。そのCMOに徹底的に向き合う方針を決め、彼から評価基準を事前にこっそりヒアリング。評価基準上、重要度の高い戦略やデジタル対応の仕組み、クリエイティブチーム体制などを手厚く提案。ところが結果は、ノーマークだった別の新規広告会社の勝利。

（Thinking Time…………）

いかがでしたでしょうか。1回目に比べると、挙げられる数は少なくなったかもしれません。参考までに、このケースの「実際の敗因（のひとつ）」をご紹介します。

答え

意思決定方法を読み違えた

クライアント社内での意思決定プロセスと、CMOの社内の立ち振る舞いに読み違いがありました。提案後、CMOはワンマンで意思決定せず、各社の企画書を社内の若手社員に見せて回り意見を聞いたのです。そのため、A社が力を入れた（＝評価基準上重要だった）戦略やデジタル、体制などの小難しいパートは、日頃提案を受け慣れていない若手社員にはほとんど理解できませんでした。一方、著名タレント入りのテレビCM企画は、若手社員にも理解しやすいものでした。結果、その企画を提案した他の広告会社に票が集まってしまい、CMOはそれを覆せなかったのです。

決めて終わりではない決定者

これは、95％勝てると言われていた案件です。評価基準を知っていることは、ほとんど回答を知っているテストのようなものです。それでも負けました。競合プレゼンにおいてクライアントの「決定者」はとても重要な登場人物ですが、**決定者の仕事は、決めて終わりではない。**そこに気づけませんでした。

決定した後もずっと、業務も社内の人間関係も続いていきます。だからこそ、いかに敏腕ＣＭＯといえど、人間関係や立場が気になったのでしょう。どうしても参加社は、目先の競合プレゼンの勝利に向けて物事を考えがちです。しかし**クライアントにしてみると、決定してからが本番**です。競合プレゼンにおいては「決定者」でも、その後は「実務執行の責任者」という事実が見えていなかった。深く反省した事例です。

Phase

3

キックオフミーティング

オリエンを受け、スタッフィングを済ませたら、メンバー全員を集めたキックオフミーティングを開催します。自社の勝ち筋、つまり「プレゼン戦略」を議論するのが目的です。

ここが前半の天王山。なぜなら、**ここで「勝ち方」が決まってしまうからです。**もし、11の業務フェイズの中で、最も重要なところ、勝利への影響度が高いところを挙げるとするならば、間違いなくここ「Phase③キックオフミーティング」です。

私の体験談ですが、キックオフミーティングで、パワーポイントにして50ページを超える「競合プレゼン戦略」を書いてきた先輩がいました。過去の競合プレゼンの勝利と敗退のケースから、勝ちパターン、負けパターンを抽出。クライアントから自社がどう見られているかの分析。ライバル社の動向予測。クライアント企業が置かれている状況と、キーパーソンの傾向分析。そこから、競合プレゼンの勝ち筋を導き出していました。その先輩は「年末年始を挟んで時間があったから」などと照れ隠しをしていましたが、後にも先にも、これ以上の競合プレゼン戦略を私は見たことがありません。結果は当然のごとく、勝利でした。

Method 28 キックオフで議論するのは『プレゼン戦略』のみ

音部大輔氏の著書『The Art of Marketing マーケティングの技法』によると、戦略とは「目的達成のための資源利用の指針」と定義されます。それは競合プレゼンでも同じです。**競合プレゼン勝利という目的達成のための資源**（＝人、時間、金、思考）**利用の指針を考えるのが**、競合プレゼン戦略です。競合プレゼンのお題になっている、クライアント事業の「マーケティング戦略」「ブランド戦略」とは違います。あくまで、自社が競合プレゼンに勝つための戦略を、「競合プレゼン戦略」と呼んでいます。

意外に思われるかもしれませんが、**キックオフミーティングで、「提案の中身」の話をしてはいけません。**提案の中身とは、マーケティング戦略や、ターゲット設定、競合分析、

Method 29 『プレゼン目標』を決めて『ビジョン共有』

アイデア、具体的なエグゼキューション（表現／施策）などの話です。初動を早めようと思って、いきなり中身の話をし出すのは、典型的な負けフラグです。キックオフミーティングで話すべきは、「競合プレゼン戦略」のみ。つまり「どうやって競合プレゼンに勝つか」のみが議論の対象です。そこが定まらないと、提案の中身は考えられないからです。

競合プレゼンですので、当然、1着で勝つことが目標となります。2着や3着ではダメなのは言うまでもなく、多くの場合はその目標設定で問題ありません。

しかし場合によっては、複数テーマが同時にオリエンされることもあります。広告業界の話になりますが、仮に「企業広告」と「商品広告」が同時にオリエンされたら、完勝（2つとも獲る）か、部分受注（どちらかを狙う）かの判断が必要です。なぜなら、それによって投入すべきリソース（人、時間、金、思考）が変わるからです。**「勝負所と捨て所を見極める」**と言っても良いでしょう。

余談になりますが、昔、とある営業から「今の自社の状況では、今回の競合プレゼンは勝てない。でも、次を狙っている。次につなげるために、爪痕を残すのが今回の目標だ。一緒に負けてほしい」と言われたことがあります。これには痺れました。やはり負けてしまいましたが、しっかりと先を見据えた素晴らしい営業でした。通常、負けるとわかっている案件に、巻き込まれたい人間など存在しません。しかしこの営業のアクションは、**ビジョンを共有しメンバーを巻き込む**という意味で、プロジェクトマネジメントの観点からとても理にかなったアクションだったのでしょう。場合によっては「意味のある負け方をする」のも、ひとつの目標設定なのだと思います。

Method 30 『意思決定方法』を知る、ゼッタイ

意思決定者は誰で、意思決定方法は何か？　これが、オリエン直後に確認しなければならない、最重要トピックスです。**競合プレゼンが勝ち負けを決めるものである以上、そこには意思決定者と、意思決定方法が存在します。そして、どんな意思決定方法かによって、対策が変わります。**なぜなら、意思決定者がどんなに思慮深く、充分に検討した上で決定

することを望んでいても、採用する意思決定方法によって、何らかのバイアスを受けてしまうからです。しかも、複雑高度化する提案を受けると、脳や心の負荷を軽減しようとする作用が働くので、なおのことバイアスの影響は大きくなります。プレゼンに近づくほど提案の中身の玉成に集中しがちなので、初期段階で意思決定者と決定方法を押さえることは、プレゼン戦略のはじめの一歩として重要です。

意思決定方法の種類を知り、その傾向と対策を練る。これは、クライアントへの迎合でも、ずる賢いテクニックでもありません。競合プレゼンに参加する者としての、当然の義務です。

採点制

事前に採点基準（項目と配点）を明確に示してもらいましょう。なぜか採点基準を公表しなかったり、後出ししたりするクライアントもいるのですが、双方にとってデメリットしかありません。採点制の場合は、**採点基準の項目をすべて満たしている提案構成**になっているかが、重要なチェックポイントです。そして、最後につけるサマリーは、採点項目ごとにまとめてください。クライアントが採点しやすくなります。採点基準が定まっていない場合は、こちらから採点基準を提示するのもひとつの手段です。

また、クライアントの企業風土が「減点型」か「加点型」かの見極めも重要です。多くの日本企業は、最初から完璧を目指すモノづくりで成長してきたため、何事にも「減点型」の思考法が染み付いています。「リスクがある」「前例がない」「保証がない」といった理由で減点するクライアントの場合は、リスクヘッジをしていることをしっかりアピールしましょう。一方、「面白い」「やってみたい」「初めての試み」といった「加点型」の思考をする企業の場合は、思い切った提案をして、いかにそれが前例のないチャレンジであるかをアピールすると良いでしょう。

ちなみにご参考までに、実際にあった例をお話しします。もともと、予算をオーバーする提案は「オプション提案」扱いとし、オプション提案をするかどうかは、参加社の「任意（提案してもしなくても良い）」と定められていました。我々は、予算度外視の非現実的な提案をするよりも、予算内でしっかり効果を出せる提案をするのがパートナー企業としての責任ある振る舞いだろうという想いのもと、「良かれと思って」オプション扱いの提案はしませんでした。ところが提案後、蓋を開けてみたら「オプション提案」という採点項目が設けられていて、「オプション提案がないからゼロ点」と採点されたのです。どうやらクライアントには、オプション提案で参加社の前向きな態度を測ろうとする意図があったようです。そこで、事前に「任意」と言ったにもかかわらず、後から採点項目に入れたのです。典型的な「後出し」なわけですが、我々にやる気がなかったわけではなく、むしろ真摯な姿勢で臨もうと思っての提案だったのはご説明の通りです。このような悲しいすれ違いをなくすためにも、採点基準は公表してもらう必要があるのです。

投票制

投票権のあるメンバー、票数の重み、投票のタイミング、投票形式を確認しましょう。

投票権のあるメンバーが、プレゼンに出席しない場合もあります。そのときは、企画書がクライアント内で一人歩きしても大丈夫なように、簡潔なサマリーをつけるのが効果的です。プレゼンから時間が経ってから投票する場合は、直前にもう一度リマインドの連絡を入れる。ビジュアルや映像を見ながらの投票であれば、その資料をしっかりつくり込むなど、できる対策はたくさんあります。

多数決・合議制

一般的に、大人数で決める場合は、標準的で失点の少ない案が採用されやすく、賛否のある案は通りにくいと言われます。「デフォルト効果」「現状維持バイアス」など、現状から大きく変えたがらない心理効果が働きます。でも、だからといって、賛否がないように角を取った、いわゆる「置きに行く提案」をすべきだとは思いません。それは目先の勝利だけを追い求めているにすぎず、本質的にクライアントの課題を解決する、良い提案とは言えないからです。参加社にできることは、多くの票を集めるために**「とにかくわかりやすく提案する」**ことに尽きます。なぜ「わかりやすい」ことが重要なのかについては、少し面白い話があるので、「Phase⑦企画書&プレゼン」のところで解説します。

案を選定後、調査で決定

パートナー企業ではなく、案を選ぶ場合もあります。複数社から受けた提案の中から、例えば5案に絞り、調査にかけて高スコアのものに決定するとしましょう。その場合は当然、その5案に入らないと始まりません。クライアントは、似たような案を調査にかけるのは無駄と考えるので、タイプの違う案を選定しようとします。そうなると、**提案する案の幅（質の違い）をどうつくるかが大事**になります。その幅の中で、確実に1〜2議席を獲りに行くのか、全議席を占領するのかは、作戦によって判断が分かれるところです。調査にかける案のタイプ分けも、自ら提案してしまうのもひとつの手です。

上申後に幹部決定

提案を受け取った担当者が、各社の提案を取りまとめ、クライアント社内で上申し、幹部会で決定する。この方式が厄介なのは、**決定者に直接プレゼンできない**点です。プレゼンターのしゃべりで魅了するプレゼンは、その場では効果的ですが、クライアント担当者が社内で再現できません。実際に「企画は良いのだが、どう上申したら良いかわからない」と言われた経験もあります。その場合、参加社にできることは、誰でも簡潔に説明できる「上申しやすいエグゼクティブサマリーをつくる」ことに尽きます。エグゼクティブサマリーのつくり方は、「Phase⑧ フィニッシュ」のところで解説します。加えて、幹部から「これで効果出るの？」と聞かれた際の答えとして、案を実施した場合の効果について、確からしい保証材料を用意できればベストです。

またこの場合、複数案提案が必ずしも良くない場合もあります。現場担当者は「自身の負担が軽い」ことを重視する傾向があるからです。「現場ではどの案が良いか決められないので、幹部会に上げられない」と、トンデモナイことを言われた経験もあります。そんな理由で良い提案を蹴られたら、たまったものではありません。でもこれが現場のリアルです。多すぎる選択肢は、ときに人を疲れさせるもの。そのときはいっそのこと、強く簡潔なロジックの1案提案に絞りましょう。いずれにしろ「**上申する人の負担を減らす**」という観点が大事です。

資料提出後、通過社のみプレゼンテーション

一次審査として「資料提出」を課し、通過社のみ二次審査として「プレゼンテーション」を課す方式があります。官公庁／自治体／建設関係など、いわゆる「お堅い」業界に多い印象です。まずは資料提出を突破することが必要なのですが、このお作法を間違えないようにしましょう。

提出書類には、ページ数、書式、項目（提案に盛り込んでほしいこと／アジェンダ）などの規定が細かく設けられています。その場合、大事なポイントが2つあります。

ひとつは、「**指示された項目を網羅する**」ことです。なぜなら、資料提出を課す場合は採点制であることが多く、項目を満たしてないと、明確に減点されてしまうからです。

もうひとつは、**「指示された項目の順番通りに構成する」**ことです。なぜなら、その項目はクライアントが理解しやすい順番に並んでいるからです。提案書を見る側に立てばわかりますが、資料のどこに何が書いているのかを読み取るのは、かなりストレスのかかる作業です。まして、たくさんの提案書を読まねばならない場合、提案社によってバラバラの項目順で提案されてしまうと、どこに何が書いてあるのか、わからなくなってしまいます。社内会議の資料のフォーマットが厳格に定められている会社も多いと思いますが、その理由のひとつは、どこに何が書いてあるかをその都度理解する手間を省くためです。競合プレゼンでもそれは同じこと。つい、書類審査通過後のプレゼンテーションを見越して、自分が話しやすい、自分都合の構成で項目立ててしまいがちですが、それは負けフラグ。もし指示された順番から変えるのであれば、指示された項目がどこに書かれているかを整理した「対応表」のようなものを用意することを推奨します。

（隠れ）ワンマン

本当の意味でのワンマン決定は、最近ではほとんど見られなくなった気がしますが、「隠れワンマン」はまだまだ多い印象です。隠れワンマンとは、合議制で周囲の意見を聞いているようでありながら、実際は「声の大きい人」の意見が通るような決定方法です。その場合に重要なのは、とにかく**意思決定者の見極めを誤らない**ことです。

Method 31 『意思決定者』を知る、ゼッタイ

意思決定者と言っても、様々なタイプがあります。「最終決定者（社長など）」「実質的なキーパーソン（この人が決めたら、後は承認を得るだけ）」「ご意見番（社内で声が大きい人）」など。Question No.2のケースのように、実は現場の社員が最も重要だった、というケースもあります。

そして、最終的な意思決定者はクライアントですが、**意思決定のプロセスに、クライアント以外の関係者が関わる場合もあります。**「コンサルティング」「オーディット」という立場の方々です。

例えば、クライアントの事業やプロジェクトそのものに、コンサルが関わっている場合があります。その一連の業務の中で、コンサルが競合プレゼンにも関わるケースがありま

す。また、競合プレゼンという段階になって、ピンポイントでオーディットが入ることもあります。広告業界では、広告媒体の選定・買付にあたって、第三者的な立場で意見する「メディア・オーディット」という存在がいます。

いずれの形にせよ、外部のサポートを借りながら、オリエンシートの作成、競合プレゼンの運営・選定が行われることがあります。そして、特にクライアント企業が競合プレゼンに慣れていない場合は、その影響度は増します。

もし、コンサル／オーディットが意思決定に関わることがわかったら、どんな役割を期待されて競合プレゼンに関わっているのかを知る必要があります。関与が明言される場合もありますが、公表されない場合もあります。オリエンシートの内容や言い回しから関与が匂う場合は、情報網を駆使して、関与者の情報を入手しましょう。そして、コンサル／オーディット側の視点も推察（妄想）した上で、提案資料内に情報を組み込みます。

Method 32 意思決定者の『ハンマー』を知る

意思決定者を知ることは重要ですが、より重要なのは、その意思決定者の「ハンマー」を知ることです。

意思決定者の「ハンマー」とは、その人の得意領域や思考モデルのことです。戦略プランナーの鈴木なら「戦略的思考（要は左脳的な判断）」、経営者なら「経営的判断（要は儲かるか）」、営業責任者なら「商談に使いやすいか」、マーケティング担当者なら、その時期に傾注している「マーケティング理論」があるはずです。そこを掴むと、プレゼンの話法が変わります。相手にとって理解しやすい話法を見つけるために、相手の持つハンマーの見極めが重要なのです。

広告業界の例ですが、映像やグラフィックなどの「右脳」が重要な提案物であっても、相手のハンマーが「左脳」なのであれば、左脳的な説明を試みないといけません。提案する映像やグラフィックがいかに優れているか、なぜその表現でなければいけないのかを、ロジカルに説明する。かなり高度なプレゼンですが、優秀なクリエイターは、相手によってそのような説明も使い分けることができます。

誤解なきよう申し上げたいのですが、決して、意思決定者の好みに「当てに行く提案」をすべきだ、ということではありません。先ほどの「置きに行く提案」と同様に、本質的なクライアント課題の解決にはつながらないからです。しかも、当てにきているかどうかは、クライアントに見透かされています。そして、そこに苛立ちを覚える方も少なくありません。もちろん、相手好みの案を出すことで勝率が上がるのは、経験上、ないとは言いません。しかしそれは、メソッドと呼ぶにはあまりに再現性がありません。**「好みを知り当てに行く」のではなく「ハンマーを知り説明の話法を変える」**とご理解ください。

余談ですが、この話は「If all you have is a hammer, everything looks like a nail」という諺から来ています。「ハンマーを持つと、何もかもが釘に見える」あるいは「子どもにトンカチを持たせると、何でも釘に見える」と訳されることもありますが、人は自分の得意な領域の思考モデルで、すべてを判断しがちな面があります。クライアントにとって、畑違いの領域について判断しなければならないのが競合プレゼンです。畑違いだからこそ外注するわけですから。意思決定者が振るうハンマーを知ることは、相手の立場に立つ提案の第一歩です。

Method 33 意思決定者の『裁量範囲』を知る

意思決定者についてもうひとつ知っておかねばならない点は、「裁量範囲」です。なぜなら、その**裁量が及ばない提案については、採用の決定を下せない**からです。そして、その裁量範囲には「**権限**」と「**時間軸**」という2つの視点があります。

例えば広告業界の場合、商品Aの広告が競合プレゼンのテーマだったとしても、真剣に考えた結果、企業メッセージ（「タグライン」と呼んだりします）が必要だ、という提案をすることがあります。商品Aを売るにあたって、実は企業姿勢を表明するメッセージが必要。あるいは、商品B、C、Dの広告も流れている中で、全体のイメージが散漫にならないように、それらに一本串を通すためのメッセージが必要。そういう提案です。

意思決定者が商品A事業部の部長の場合、商品Aに関わることについては裁量権がありますが、他の商品B、C、Dに関わることについては、権限の範囲外です。また、企業メッセージともなると、全社に関わる話になるので、社長の判断が必要になってきます。そうなると、**良かれと思ってやったその提案は、意思決定者の裁量範囲を超えているので、採用されることはありません。**これが「権限」のお話です。

そして、もうひとつの「時間軸」とは、意思決定者が「今、判断できるか?」という視点です。

例えば、商品A、B、C、Dを管轄している執行役員が意思決定者だとしましょう。そして、今は商品Aの広告しか流しておらず、商品B、C、Dについては、売上が芳しくなく、広告投下の目処が立っていないとします。そのような状態で、商品A、B、C、Dを貫く広告メッセージを提案したとしても、「当面の間、商品B、C、Dの広告投下の予定がないので、そのメッセージの妥当性が、今は何とも判断がつかない」ということも起こります。通常業務なら、これは「判断保留/判断不可」という状態なのですが、競合プレゼンにおいては「不採用」と同義です。

第一部1章で、「OATHの法則」の話をしました。

①Oblivious（無知）自分の抱える問題を認識していない状態
②Apathetic（無関心）問題に気づいていても解決しようとする意思がない状態
③Thinking（考えている）問題の解決策を考えている状態
④Hurting（困っている）今すぐ問題を解決したくて困っている状態

競合プレゼンが開催され、オリエンシートが準備されている時点で、クライアントは③や④の状態にいます。つまり、**競合プレゼンは基本的に「今」を争点としているので、「今、判断できない」提案に関しては、不採用の結果になる**のです。

誤解なきように申し上げますが、「中長期的な視点や企業全体の視点を踏まえた提案をしてはいけない」ということではありません。真剣に考えた結果、クライアントのためになると思ったのであれば、どんどん提案すべきです。ただし、相手の裁量範囲を超えていることを、わかった上で提案してほしいのです。「今はまだご判断できないかもしれませんが」「この提案は全社に関わるので、社長のご意見も必要になってきますが」などのエクスキューズをつけて提案してください。そうすればクライアントも、その提案の意味を真摯に受け止め、社内で必要な動きをとってくれるはずです。

Method 34 自社と他社への『ぶっちゃけた期待値』を知る

第一部6章で「買い物に3つ目の選択肢は要らない」という話をしました。競合プレゼンに業界3番手以下を呼ぶ必然はなく、呼ぶとしても、特別な理由が必要。3番手以下には、「ひょっとしたら……」という淡い期待しか抱かれていない、といった趣旨です。

これは裏を返せば、「**呼ばれたからには、何らかの期待をされている**」とも解釈できます。たとえそれが、「本命／対抗」に対する「大穴」だったとしても、大穴の期待をされていることを事前に掴むのは、とても重要なことです。なぜなら、勝率が高いか低いかはさておき、そのルートには、何らかの勝ち筋があるからです。そして、その期待に応えた提案をするのか、それとも裏切った提案をするのかの、判断材料になるからです。なお、この期待値を知る上では、純粋に企業規模という意味での業界内順位より、クライアント内での順位（インクライアントシェア）の方が、気にすべき指標かもしれません。「弊社は現時点で暫定何位ですか？」という質問をしても良いでしょう。

大事なことは、クライアントからの**「ぶっちゃけた期待値」**を知ることです。競合プレゼンは公平性を重視するので、建前上は「どの企業の提案もフラットに判断します」というスタンスをクライアントは保持します。しかし本音の部分では、「ここには、実効性のある堅実な提案をしてほしい」「ここには、実現性はさておき、夢のある提案をしてほしい」「ここには、誰も思いつかないような、尖った提案をしてほしい」など、相手によって様々な期待値を抱いているものです。これを知らずに提案すると、「夢のある提案を期待していたのに、堅実な案を出してきた」など、期待値とのギャップが生じ、がっかりさせてしまうことも起こり得ます。

もちろん、期待値通りの提案をしても勝てる保証はどこにもありません。ときには、良い意味で期待を裏切る提案をした方が、相手に刺さる場合もあるでしょう。それはケースバイケースの判断なので、一概にどちらが良いとは言えません。しかし少なくとも、事前に「ぶっちゃけた期待値」を知っておかないと、作戦すら立てられません。

Method 35 『人員体制』を知って『BANTCH』をコンプリート

クライアント側の人員体制を確認しましょう。なぜなら、それによってこちらが用意すべき実務体制が変わるからです。プレゼンのことだけを考える頭になると、抜けがちになるので要注意です。**クライアントと同じ温度感で、実行フェイズのことを考える**必要があります。

ここまで、大きな括りとして、「意思決定者／意思決定方法」「競合他社／期待値」「クライアントの人員体制」の3点を知ろうと申し上げてきました。勉強熱心な営業パーソンはピンときたかもしれませんが、実はこの3点は「BANTCH」の一部です。BANTCHとは、Budget（予算）、Authority（決裁者）、Needs（ニーズ）、Timing（スケジュール）、Competitor（競合他社）、Human resources（人員体制）の頭文字を並べたもので、営業がお客さまに提案する上で、絶対に確認すべき事項を漏れなくするための略語です。

BANTCHの確認は基本中の基本

競合プレゼンにおけるオリエンシートには、Budget（予算）、Needs（競合プレゼンのテーマや背景）、Timing（採用／検討／実施スケジュール）の3点は、ほぼ書かれています。しかし、Authority（意思決定者／意思決定方法）、Competitor（競合他社、および、自社も含めた各社への期待値）、Human resources（クライアントの人員体制）の3点に関しては、ほぼ書かれることはありません。ここまで私が申し上げてきたことは、**「オリエンに書かれていないBANTCHの不足を確認する」**ことなのです。

「そんなことまで確認しないといけないなんて不毛だな」「そんな余計なことを気にせず提案の中身を考えたいな」と思った人もいるかもしれません。しかし、これが通常業務であれば、ＢＡＮＴＣＨは（営業として）当たり前に確認することにすぎません。それにもかかわらず、「競合プレゼンモード」になると、これらの不足を確認せずに突っ走る人が続出します。**通常業務以上に過酷な環境の競合プレゼンだからこそ、基本の動きを徹底すべきだと考えましょう。**

Method 36 『読後感からの勝ち筋』を逆算する

勝ち筋、つまり「どう勝つか」については、それこそ永遠のテーマです。業界によりますし、ケースバイケースなので、なかなか法則めいたものはありません。「どんな提案をしたら競合プレゼンに勝てますか？」という解像度の低い質問をよく受けるのですが、そんなスペシャルな方法論は存在しませんし、体系化されることもありません。むしろ、体系化してはいけないのだと思います。

ただし、これまでの勝ち負けの分析から、パターンのようなものは見えています。それは、クライアントが抱く「**提案の読後感**」の違いによる、勝ち筋のパターンです。持てる戦力や、自社の立ち位置、クライアントの期待値などを考慮しながら、どの勝ち筋を選ぶか、チームで議論しましょう。

挑戦者として攻め、さらに徹底的に不満を解消する

基本的に挑戦者の立場であれば、あまり戦い方に迷うことはありません。失うものはありませんので、**王者がやらないであろう攻めた提案**で勝ちを狙うのがセオリーです。「その手があったか」と目から鱗が落ちる提案ができれば、勝利をもぎ取ることができます。加えて、**徹底的に既存チームの不満を解消**しにいきましょう。「そうそう、それが不満だったんだよね」「こっちに変えたら解消されそう」という読後感を残せれば勝利です。両方の戦い方を併用できると強いですね。

王者の安心感で勝つか、王者なのに攻めて勝つか

一般的に王者（既存チーム）の立場であれば、これまでの実績をもとに、クライアントに「**任せて安心**」という読後感を残すのがセオリーです。クライアントへの深い理解と、オリエンど真ん中に答える提案、そして、実行フェイズでの安心感を、印象として残しまし

ょう。ただしこれは、自社がある程度有利な状況の場合に限り有効です。もし、既存チームに不満があって競合になったのなら、王者という立場が不利に働くこともあります。その場合は、攻めた提案をする必要があります。「**王者なのに、そこにあぐらをかくことなく、攻めてきたね**」という読後感を残しましょう。

夢を見させるか、耳の痛いことを言うか

王者、挑戦者という立場にも少し関わりますが、読後感という意味では、一番差が出るポイントです。多少の実現可能性には目をつぶりながら、商品やサービスの将来が、輝かしいものになることをイメージさせる。もっと生々しく言えば、売上がどんどん上がっていく未来をイメージさせるのが、「**夢を見させる**」提案です。我が子のように商品やサービスを愛しているのが、クライアントというもの。採用後の首は締まりますが、そうやってクライアントの夢や期待を膨らませるのは、ひとつの大事なプレゼン戦略です。

一方で、クライアントに「チクリ」とやりにいくのも、ひとつの手です。**耳の痛いことを、きちんと指摘してあげる。**我が子のように愛している商品やサービスだからこそ、真実を突いてあげる。「よくぞ言ってくれました」という読後感を残して勝つ方法です。既

存チームの立場ではなかなかやりにくいので、挑戦者が取るべき戦略かもしれません。ただし、クライアントの商品やサービスを、とことん「愛している」ことを、必ずアピールしてください。そうしないと、ただの「嫌なやつ」という印象だけが残ってしまいます。

渾身の1案をつくり込むか、質の高い複数案で勝つか

1案提案か、複数案提案かは、なかなか重要なテーマです。複数案提案が有効なのは、複数案を用意する領域が、競合プレゼンの「真の争点」である場合です。広告業界を例にとると、「広告アイデア」が真の争点なのであれば、「広告アイデア」を複数出せば、勝率は上がります。しかし、「広告アイデア」が争点のようでいて、実は「戦略からの一貫性」が真の争点である場合があります。その場合は、1案提案が有効です。**「真の争点」の見極めを誤らない**ようにしましょう。

また先述のように、意思決定方法によっても変わります。上申後に幹部決定なら、複数案提案が嫌われることもあります。案を選定後に調査で決定するなら、調査に残るために複数案が必要です。提案相手が（隠れ）ワンマンなら、「自分が決めた」という読後感を持ってもらうために、複数案から選んでもらうのは有効でしょう。

意外に大事なのは「プレゼン時間」です。時間がないのに複数案を出してしまい、提案が散漫になるのは愚の骨頂です。間違っても、「良い案が3つ考えられたから、3案出す」といった、出たとこ勝負で案数を決めてはいけません。プレゼン時間からの逆算で、出せる案数は決まるはずだからです。

「みんなやってます」で勝つか、「誰もやっていません」で勝つか

人は、メジャーなもの、広く支持されているものを欲しがります。これを「バンドワゴン効果」と言います。「バンドワゴン」とは、パレードの際などに行列の先頭に位置する、楽隊を乗せた車のことです。「流行に乗る」「勝ち馬に乗る」とも言い換えられますが、みんなが採用しているものは、効果が保証されている、良いもののはずだ、という考えが背景にあります。この場合、「**多くの企業が採用している手法です**」という提案は刺さります。

一方、「周りとは同じになりたくない」という価値観も存在します。ニッチなもの、他者が注目していないものほど価値がある、という心理です。これを「スノッブ効果」と言います。バンドワゴン効果とは逆で、「多くの企業が採用している手法です」ではなく、「**誰もやっていない手法です**」という言葉が、採用の決め手になります。

同じ業界トップの企業であっても、どちらを好むかは社風によって異なります。業界トップだからこそ、保証された安心感のある提案を欲しがる場合もあります。逆に、業界トップだからこそ、他社がやっていないことに挑戦すべきだ、という考えもあります。担当クライアントがどちらの社風で、どちらの提案を求めているのか、把握しておく必要があります。

個人をスターにして勝つか、チームの総合力で勝つか

クライアントは、提案内容もさることながら**「採用後、誰と向き合っていくのか」**を見極めようとしています。そこに、わかりやすい個人を擁立することで、「この人と仕事したい」という読後感を残すのが、個人をスターにする戦い方です。その人に負担と責任は重くのしかかりますが、ハマれば強い戦い方です。

一方、案件によっては「チームの総合力」が重視されることもあるでしょう。その場合でも、個人の顔をしっかりとアピールすることは大事です。クライアントが複数のチーム（機能・領域）に分かれている場合は、そこに誰が向き合うのかがわかるように、バイネームで体制図を書く必要があります。「私の領域には、この人が向き合ってくれるんだな」

という読後感を残しましょう。

Method 37 チームに『キャラ設定』をする

実はクライアントは、参加社のカラー、つまり「キャラクター性」も見ています。競合プレゼンといえど、人間と人間のお付き合い。体制の万全さのアピールとともに、「**このチームと仕事をしてみたい**」とクライアントに思わせるチームワーク、一体感の醸成も重要です。「チームのキャラクターで採用社を決めます」と明言するクライアントはいませんが、実は、右脳的な印象という意味では影響度が大きいのです。したがって、自社をどういったカラーのチームとしてアピールするかは、かなり重要です。ここまで考えて提案をつくり込んでくる会社は少ないので、ライバル社と差をつけるポイントになります。

任せて安心の専門家集団。クオリティ重視の職人肌。商品を愛してやまないオタク気質。何が飛び出すかわからない破天荒タイプ。アカデミックな先生キャラ。フットワークの軽さが売りの機動力チーム。親身に寄り添ってくれる癒やし系。耳の痛いことを言うドクター、などなど。

実はこのキャラクター設定は、提案資料のデザインや体裁、あるいはプレゼン上の物言いに、強く影響します。**「キャラ設定にはこれまでの競合プレゼン戦略が集約されている」**と言っても良いでしょう。仮に「挑戦者として耳の痛いことを言って勝つ」という方針を定め、自社のキャラクターを「ドクター」と設定したならば、提案資料は「処方箋」や「カルテ」のような体裁に仕上げることで、徹底的に改善点を指摘する提案に仕立てることもできます。

ここだけの話、実際に私は「処方箋」と銘打った企画書で、勝利を収めた経験もあります。「ここまでやらないといけないのか……」と思いましたか？　そうです。業界3位以下が勝つためには、ここまでやるのです。

Method 38 『オリエン返し』の成功確率を判断する

「オリエン返し」とは、クライアントのオリエン内容に反する提案をすることです。乱暴に言えば、「あなたたちのオリエンは間違っていますよ」「こっちの考え方でやるべきですよ」と言って、前提をひっくり返した提案をすることです。一方で逆の意味、つまり「オリエンに忠実に提案する」というニュアンスで「オリエン返し」を使う流派もあるようなのですが、ここでは、「オリエンに反すること」という意味で使っていきます。

再び「OATHの法則」の話になります。

①Oblivious（無知）自分の抱える問題を認識していない状態
②Apathetic（無関心）問題に気づいていても解決しようとする意思がない状態
③Thinking（考えている）問題の解決策を考えている状態
④Hurting（困っている）今すぐ問題を解決したくて困っている状態

競合プレゼンが開催されている時点で、クライアントは③や④の状態にいます。クライアントなりに問題を認識し、解決しようとしている。つまり、①や②の状態はクリアしているのです。それをわざわざ、①の状態に戻すのが、オリエン返しです。「あなたたちの認識している問題は、本当の問題ではありません」と言うことで、新たな①から再スタートする提案です。

そして、オリエン返しをするかどうかの判断は、かなり慎重に見極めなければなりません。なぜなら、**基本的にオリエン返しは難易度が高い**からです。成功にはいくつかの条件があります。

オリエン返し成功の条件

①オリエン内にクライアントの仮説がしっかりある
②クライアントに建設的な社風がある（承認されたオリエン内容であっても変更できる）
③説得するのに充分なプレゼン時間を確保できる（必要なら延ばしてもらう）
④説得材料が充分に準備できる（データの信憑性も大事）

①は意外に思われるかもしれません。「仮説がある」ことは、「マーケットについて、ある程度分析を進めて仮説を立てたが、もしかしたらそれは間違っている可能性もある」ことを、クライアント自身が認識している、ということです。その場合は、②〜④を満たせば、オリエンとは違う仮説を提案することが可能です。逆に、クライアント自身の仮説がない場合は、あまり深く市場や消費者を分析できていないことが多く、そうなると、ひっくり返すも何もありません。

Method 39 ファウルの『境界線』を引く

ただ基本的に、時間と労力をかけてつくり込まれ、社内の承認を経ているオリエンの場合は、短いプレゼン時間内にひっくり返すことは、現実的には難しいものです。相手が30時間かけてつくったオリエンを、30分でひっくり返すのは、至難の業だと言えるでしょう。でも、諦めないでください。これはあくまでテクニックのひとつですが、オリエン返しほど角が立たないが、オリエン返しと同じ効果を発揮する話法を伝授します。

最初に、「オリエン内容はすべて理解・賛成です」と宣言しましょう。多少のツッコミどころはあったとしても、まず言い切る。そのスタンスを明確にすることが大事です。その上で、否定のニュアンスを出さずに、一本の境界線を引きます。広告業界の例であれば、「ターゲットに関しては、御社の設定ですべてＯＫです。ただし、そのインサイトについては、広告アイデアに直結するものですので、我々の方でも考えてきました」といった具合です。つまり、**クライアント企業の責任の範疇（タッチしてはいけないファウル領域）と、参加社に期待されている範疇（自由度や専門性を発揮する領域）を、はっきりと線引きする**のです。

そして「①オリエン内容に忠実な案」と「②（オリエン返しとは言わないけれども）オリエン返しの案」の2案を提案します。①から提案するのが鉄則です。まず①で、「あなたたちのオリエンをちゃんと理解していますよ」とアピール。そうやって、クライアントの安心感を引き出してからの方が、②に聞く耳を持ってもらえます。①をわざわざ提案しておいて、「こうやって考えてみましたが、もっと良い②という方法があります」と、あえて否定するのも、ひとつの手です。①をライバル社潰しに活用するという作戦ですね。あまり披露すると手の内がバレてやりにくくなるのですが、私自身、よく使うテクニックです。

第一部3章「競合プレゼン害悪説」で触れましたが、このような「ライバル社にいかに勝つか」のテクニックには、賛否両論あるのは事実です。これを、本質的ではない余計な手間と捉えるか。はたまた、クライアントに本質的な理解を促すために必要なステップと捉えるか。どちらが正しいなどと軽々しく申し上げるつもりはありません。ご自身のスタンスを明確にしていただければと思います。もちろん私は後者のスタンスです。

Method 40 『プレゼンオーナー』の決定と宣言

キックオフミーティングの段階で、クライアントの「意思決定者」を知ることが重要と申し上げました。そして実はもうひとり、意思決定において重要な人物がいます。それは「社内の意思決定者」です。

あなたの会社では「プレゼンオーナー」という概念は浸透していますか？　**プレゼンオーナーとは、競合プレゼン仕事における社内の番頭であり、すべての最終決定者。つまり、全情報を把握し、提案内容と勝敗に責任を負う人物のことです。**もちろんチームで侃々諤々の議論はしますが、最終的にはプレゼンオーナーの意思決定に全員が従います。決して、プレゼンの前日に出てきて引っ掻き回す、営業の偉い人や、直属の上長ではありません。慣習的には営業のリーダーが務めることが多いですが、経験豊富なスタッフでも良いでしょう。

「ピッチリーダー」でも「プロジェクトオーナー」でも、意味するところは同じです。もしあなたの会社で、(呼称はさておき)プレゼンオーナーの概念が浸透していないなら、あなた自身が率先して導入すべきです。大事なことは、権限と責任を持つ人物をはっきりさせ、それをチームに宣言・周知することです。まさに、センタープレイヤー中のセンタープレイヤーです。

Q
uestion
No.3

さて、クイズも3つ目です。もう慣れてきましたね。これまで同様、可能な限りの思いつく敗因を挙げてください。一度挙げているものは省略して構いません。新たな視点の理由を追加してみましょう。

問題

リベンジに燃えたけど負けた競合プレゼン

とあるエンタメ企業の競合のお話。数年前の大型施設以上に社運をかけた、超大型施設のローンチプロジェクトが発足。そこで再び競合プレゼンを実施。広告会社A社にとっては、前回の敗退の借りを返す、絶好のチャンス。前回、コアアイデアは非常に評価されたため、企画職のスタッフは変更せずに臨んだ。しかし同じ轍は踏まないよう、きっちりと反省を踏まえ、体制面を強固に構築。プレゼンにも役員クラスを連れて行き、全社でバックアップする姿勢をアピール。トップ外交の甲斐もあり、A社という会社に対する不安も払拭された様子。コンセプトも何度も練り直し、提案前日まで侃々諤々とブラッシュアップ。最後まで悩み抜き、コアアイデア違いで3方向の企画案を提案。それぞれにエグゼキューション（具体表現）も付け、質も量も申し分なしの提案。ところが、今回も既存パートナーの継続が決定。

（Thinking Time…………）

いかがでしたでしょうか。3回目なので、挙げられる数は少なくなったかもしれません。お気づきかもしれませんが、第一部6章で紹介した事例の、数年後のお話です。参考までに、このケースの「実際の敗因（のひとつ）」をご紹介します。

答え

社内会議の運営と時間配分のミス

採用された既存パートナーは1案のみの提案でした。評価されたのは、コアアイデアから具体表現までの一貫性があり、話題が広がっていく様がイメージできたこと。逆にA社の提案は、コアアイデアはどれも良さそうだが、具体のつくり込みが散漫に見えたそうです。結果として、話題がどう世の中に広がっていくのかイマイチ想像できなかったとの評価でした。

A社の社内会議では、1案に絞った提案にすべきとの意見も出ていましたが、なかなか絞り込む意思決定ができませんでした。背景には、前回の競合プレゼンで、コアアイデアが評価されたという淡い思い出があったから。結果、前日までコアアイデアが絞られず、3案を提案することにしたため、具体表現を詳細につくり込む時間を失ってしまったのです。

競合プレゼンの9割は「社内」でつくられる

乱暴な計算ですが、仮に、競合プレゼン仕事全体にかける時間を50時間、そのうち、クライアントからのオリエンと質問会が3時間、当日のプレゼンが2時間だとします。そうすると、クライアント企業内で過ごす時間は、全仕事の中でたったの1割です。それ以外の9割は、打ち合わせや資料作成を含む「社内」で過ごす時間となります。つまり、競合プレゼンの9割は「社内」でつくられるのです。だからこそ、**社内での時間の過ごし方や、会議そのものをデザインする意識があるのとないのとでは、効率も勝率もまったく変わってくる**のです。

過去の自社もライバルだが……

余談ではありますが、このケースからの学びをもうひとつ。競合プレゼンにおけるライバルは、もちろん競合他社なわけですが、実はもうひとつ重要な、侮れないライバルが存在します。それは「過去の自社」です。

数年に一度、競合プレゼンを開くような企業やブランドの場合、前回や前々回のことを知っている人が、クライアントにも、参加社にも、何人か存在します。特に参加社側は、かなり意識します。実はA社は、前回の「あと一歩で勝てた」感触が、チーム全体に残っていました。だから、メンバーをほとんど変えず、前回評価が高かった「コアアイデア」をさらに強化し、前回の敗退理由だった「体制」を強化してきました。ところが数年の間に、クライアントの頭の中は、何歩も先に進んでいました。コアアイデアそのものではなく、コアアイデアから広告の具体表現までの一貫性や、話題の拡散性を重視するようになっていたのです。

当たり前ですが、数年経てば、社会環境も、クライアントの課題感も、大きく変化します。「あと一歩で勝てた」という淡い思い出に囚われ、無意識のうちに、過去の自社に勝とうとしていたのだろうと、今になって思います。**本当に向き合うべきは、今のクライアントであり、今の競争相手**であるにもかかわらず。深く反省した一件でした。

Phase 4 ストーリーづくり

キックオフミーティングが終わったら、いよいよ提案の中身づくりに着手します。闇雲に個別パートに着手するのではなく、提案全体を俯瞰して見据えながら、作業を進めていくことが大事です。そのために必要なのが**「提案ストーリー」**です。これが、チーム全体の拠り所になっていきます。

Method 41 提案書の『スケルトン』を真っ先に準備

提案ストーリーをつくり始める準備段階として、まずは提案書の**「テンプレート」**を準備しましょう。デザインフォーマット／フォント選定／文字の級数など、すべて事前に設定したパワーポイント等のデータを、メンバー全員に展開。そして、打ち合わせ資料にはすべて、このテンプレートを使用します。そうすることで、後々のデータ統合作業を簡略化し、無駄な作業を省くことができます。

テンプレートを準備したら、次は「**スケルトン**（骨組み）」をつくります。スケルトンとは、中身が空の企画書であり、提案全体の設計図です。何をどのような流れで伝え、読み手を説得していくか、一連の要素を並べたものになります。例えばパワーポイントで資料を作成する場合、次のような要素を押さえます。

○ **全体の章立て**（つまりは目次に書くこと）
○ **各パートのタイトル**
○ **各パートで語るべき主な主張**
○ **その主張を支えるにはどんな根拠が必要か**（調査などが必要かをあぶり出す）
○ **その主張のベストな伝え方は何か**（映像をつくるなど、必要なマテリアルをあぶり出す）
○ **そのパートを書く担当者名**（バイネームで書いてお見合いを防ぐ）

実は、スケルトン自体をつくるのは簡単です。重要なことは、そのスケルトンに「提案ストーリー」があることです。

Method 42 『提案ストーリー』を早期にイメージ

スケルトンを土台に、大まかな提案の流れ（ストーリー）をつくっていきます。それが、今後のチームの指針／拠り所になります。**提案ストーリーをつくる作業こそが、リーダーシップ**です。その競合プレゼンを実質的にリードする人物が、責任を持って書きましょう。広告業界で言えば、戦略プランナーのような左脳系の人でも良いですし、クリエイティブディレクターでも、営業でも良いです。

「ストーリー」と言うくらいですから、大事なことは、各要素がバラバラではなく、意味としてつながっていることです。そして、もっと大事なことは、そこに「オリエンへの答え」があることです。

でも、競合プレゼンが始まってまだ序盤。提案すべき「オリエンへの答え」は、まだぼんやりしているはずです。でも、それで構いません。仮で良いので、後でどんどん修正する前提で、**現時点でのチームの立脚点を示す**ことが大事です。これを「仮説思考」と呼びます。あらかじめ仮説をつくることによって、考えたり調べたりするポイントを絞り込み、効果的な検証を行えるのです。

Method 43 勇気を持って『1st Week Answer』を出す

競合プレゼンが始まって1週間時点での答え（仮説）を「1st Week Answer」と呼びます。戦略としての「1st Week Answer」もあれば、アイデアとしての「1st Week Answer」もあります。

仮説は、その名の通り「仮の説」です。間違っていても大丈夫。**「1st Week Answer」は、早期に打ち立てる仮説であり、その時点で考え得る正解です。チーム全体の議論を正しく導く役割があります。**業務が進む中で、調査結果が上がってきたり、クライアントから追加情報が来たりします。当然、その新情報や議論によってどんどん内容は進化していくので、「2nd Week Answer」「3rd Week Answer」と、いくらでも変わっていきます。

大事なことは、検討を進めていく中で、仮説と反する事実が見つかったら、速やかに修正することです。**「1st Week Answer」の精度はさほど重要ではありません。「仮説→検証→修正」のサイクルを、いかに早く回せるかの方が重要です。**

Method 44 『完璧じゃないと動けない病』から脱却する

データや情報を網羅的に集めて、詳細に検討してからでないと、答えが出せないタイプの人もいます。確かに、一見すると正しく安全なやり方に思えます。しかし「あのデータがないと結論が出せない」「あの情報も必要だ」となって、最後まで答えが出せないやり方でもあります。

科学や政府統計などの分野には必要な思考態度ですが、ことビジネスにおいては、いたずらに時間と労力を消費するやり方です。特にコンサル業界では「総花的な検討方法」として、NGとされているようです。時間がない競合プレゼン業務においては、負けにつながる思考法だと思ってください。

推奨されるのは「クイック&ダーティー」という考え方です。意思決定の材料になるのであれば、データや分析の精度は多少粗くても良い（ダーティー）ので、スピードを重視する（クイック）という意味です。「完璧じゃないと動けない病」から脱却し、**データの精度よりも、仮説検証と修正のスピードを優先**してみましょう。それが勝利につながる動き方です。

Method 45 アイデアは温めない

「完璧じゃないと動けない病」は、どちらかと言えば左脳寄りのお話でした。今度は、右脳寄りの「アイデア」のお話です。広告業界は特にそうですが、いわゆる「アイデア」と呼ばれる新しい工夫や着想に関しても、推奨されるのは「スピード」です。「アイデアは温めずに出す」「生煮えでいいから出す」という態度です。

もしかしたら、クリエイターのような「アイデア勝負」の世界で戦う人には、受け入れ難い考え方かもしれません。「アイデアは自分のもの」「アイデアは容易に他人に潰される」

「だからアイデアはギリギリまで温めた方が良い」そう考えている人も多いでしょう。この気持ちはわかります。誰しも、自分のアイデアは可愛いものです。自分の着想を誰かに奪われたり、くだらないネガティブチェックで潰されてしまったり、早く出しすぎて忘れられてしまったり。そうやって、自身のアイデアが成就しなかった経験をしている人も多いと思います。

しかし、競合プレゼンに勝つという目的意識に立つと、これは負けにつながる思考法です。なぜなら、**ギリギリまで自分の頭の中に留めておいてしまうことで、クライアントに採用されるレベルまで、アイデアの練度・精度を高める時間を失ってしまう**からです。競合プレゼンとは、時間内に最も高いレベルの提案をつくったチームが勝ちやすいゲームです。そこで、考え方をこう変えてみてはどうでしょうか。「アイデアは皆のもの」「アイデアはチームで高めるもの」「だからアイデアは早々に出した方が良い」と。アイデアは温めない。生煮えでもいいから、クイックに出す。そうすることで、チームの厳しくも温かい視線に晒される。だから、改善のヒントが早々に得られる。結果、最も高いレベルまで、時間内にたどり着ける。

アイデアに限らず、打ち合わせ資料を事前に送ることを嫌ったり、自身の考えを先に披露することを嫌がったりする人は、一定数存在します。しかし、あえて厳しい言葉を投げかけるなら、そのような態度は、自信のなさの裏返しです。相手に考える時間や隙を与えることで、反論を受けるのが怖い。あるいは、中途半端な考えや資料しか出せない人と、レッテルを貼られるのが怖いのです。「1st Week Answer」のところでもお伝えしましたが、アイデアや資料の精度はさほど重要ではありません。「仮説→検証→修正」のサイクルを、いかに早く回せるかの方が重要です。繰り返しますが、それが、勝利につながる動き方です。

Method 46

『決め打ち』はNG『一貫性』に囚われない

よく誤解されるのですが「1st Week Answer」は「決め打ち」とは異なるものです。決め打ちとは、要は「変更する気のない意見」のこと。少ない情報と議論から思いついた考えであり、声の大きい人の意見にすぎません。情報が更新され、議論が進んでもなお、当初の仮説に固執し、自分の立場を変えられない人が時々います。変更する気がないのがメンバーにバレバレなので、議論が正しく進みません。結果、チームに不満がたまっていくことになります。

最初に出した意見に固執してしまう人は、頭が固いのでも、怠惰なわけでもなく、「一貫性」に囚われていることがあります。背景にあるのは「一貫性（の法則）」です。書籍『影響力の武器』によると、一貫性（の法則）とは、ひとたび決定を下したり、ある立場をとったりする（コミットする）と、自分の内からも外からも、そのコミットメントと一貫した行動をとるように圧力がかかる、というものです。つまり、一度出した意見を変えるのは「一貫していない人間だと思われてしまう」という心理的負荷がかかるのです。

大事なことは、あくまでも仮説は仮説と割り切ること。「1st Week Answer」が間違っていても、それを責めない空気をつくることです。「あの方向性はないとわかって、一歩前進」くらいに捉えて、前向きに会議を進めていきましょう。そして、もし周囲に「一貫性」に囚われている人がいたら、あくまで「判断の材料となるデータや情報が更新されたから」という「意見を変える理由」をしっかり強調してあげることで、心理的負荷を減らしてあげましょう。

Method 47 会議で動かすのは『口』より『手』

超効率的な会議の進め方を伝授します。用意するのはパワーポイントと、それを映すモニター（プロジェクター）です。リモート会議なら、画面共有でOKです。パワーポイントには、提案書のテンプレートを設定しておいてください。会議の冒頭では、会議の目的と目標（何を決める会議で、どこまでの案数を出すか等々）を決めましょう。会議で出てきた意見やアイデアは、どんどんパワーポイントに記録していきます。参加者全員が常にモニターを見ながら、内容を確認しつつ会議を進めていきます。会議の最後には、その資料を全員で確認。次のアクションと、誰が何をするかの担当分けもしてしまいましょう。出来上がった資料が、会議のアウトプットであり、議事録であり、提案書（のたたき台）となっています。会議終了後、欠席者も含めて全員に資料を送付。各パートの担当者は、その資料をたたき台に提案書を精緻化していきます。

必要なのは、パワーポイントを素早く使いこなし、会議をロジカルに進めることです。

いわゆる「ファシリテーション・グラフィック」と呼ばれるスキル、つまりは「板書の技術」なのですが、この進め方の効果は絶大です。議事録を起こす手間も、その内容を確認・承認する時間も、提案書作成にかかる時間も、大幅に削減できます。もし、あなたが参加する会議が**「口は動かすけれど、手は動かさない」会議になっているなら、それは負けフラグ**と心得ましょう。

Phase 5

判断と連携

提案の中身に着手し始めると、序盤は各パートを個別に進めることが多くなると思います。そして、時間が経つにつれ、だんだんと全体での意見のすり合わせが必要な場面が出てきます。つまり、センタープレイヤーとして、難しい判断をする回数が増えてきます。

職域を超えた判断をスムーズに行い、チームの連携を高めるためのポイントを学びましょう。

Method 48

『判断』と『人間関係』は混ぜるな危険

職域を超えた判断をスムーズに行うためには、どんな準備をしておく必要があるのでしょうか。よく聞くのが「社内での人間関係を円滑にしておく」という意見です。確かにその通りなのですが、こと競合プレゼンにおいては、そのアプローチは正しくありません。
もちろん、人間あっての仕事ですので、人間関係が円滑であるに越したことはありません。気心が知れた間柄の方が、意見交換もしやすいですし、誰かの意見が否定されても、角が立ちにくいものです。ただし競合プレゼンでは、初対面の人とチームを組むことは珍しくありません。つまり、**人間関係はできていない（つくる時間がない）前提でプロジェクト運営を考えるべき**なのです。

大事なのは、**「判断」と「人間関係」を区別して考える**こと。別の言い方をすれば、**「人間関係」や「社内のパワーバランス」が「判断」に影響を与えてはならない**、ということです。あなたの会社にもきっといると思いますが、声の大きい人、忙しそうにしている人、不機嫌そうな人、偉い人の意見というものは、なぜか通りがち。意見そのものの正しさではなく、意見を主張している人物に引っ張られる場面は、多々あります。それはつまり、「人間関係」が「判断」に影響を与えてしまっているということ。実はそれ、典型的な負けフラグです。

相手の領域にズケズケと踏み込んで「正しい判断を下していく人」それが、センタープレイヤーです。いちいち人間関係を考えていたら、キリがないし、身が持ちません。厳しい言い方をすれば、人間関係を気にしながら勝てるほど、競合プレゼンは甘くないのです。とはいえ、なるべく穏便に済ませたいのが人の性。特に議論下手と言われる日本人は、意見の否定が人格否定になったり、議論が人格攻撃になったりすることが多々あります。そこで、あまり波風立てずに判断を下していくためのポイントをご紹介します。

Method 49 ホワイトボードで『人物』と『意見』を切り離す

ポイントは「書面（地上戦）で議論すること」です。言い換えれば、「口頭（空中戦）のみで議論しないこと」です。そこで活用するのは、ホワイトボード。リモート会議が多い昨今なら、パワーポイントをスライド共有しながら、その場で議論を書きとめていくことです。メソッドと呼ぶには、あまりに普通のことかもしれません。でも、効果は絶大です。

ホワイトボードの最大の効果は、**「意見を言った人物A」と「Aさんの意見a」を切り離せること**。話者の音声が、文字として記録された瞬間に、「意見a」は「人物A」から

ホワイトボードは人物と意見を切り離す

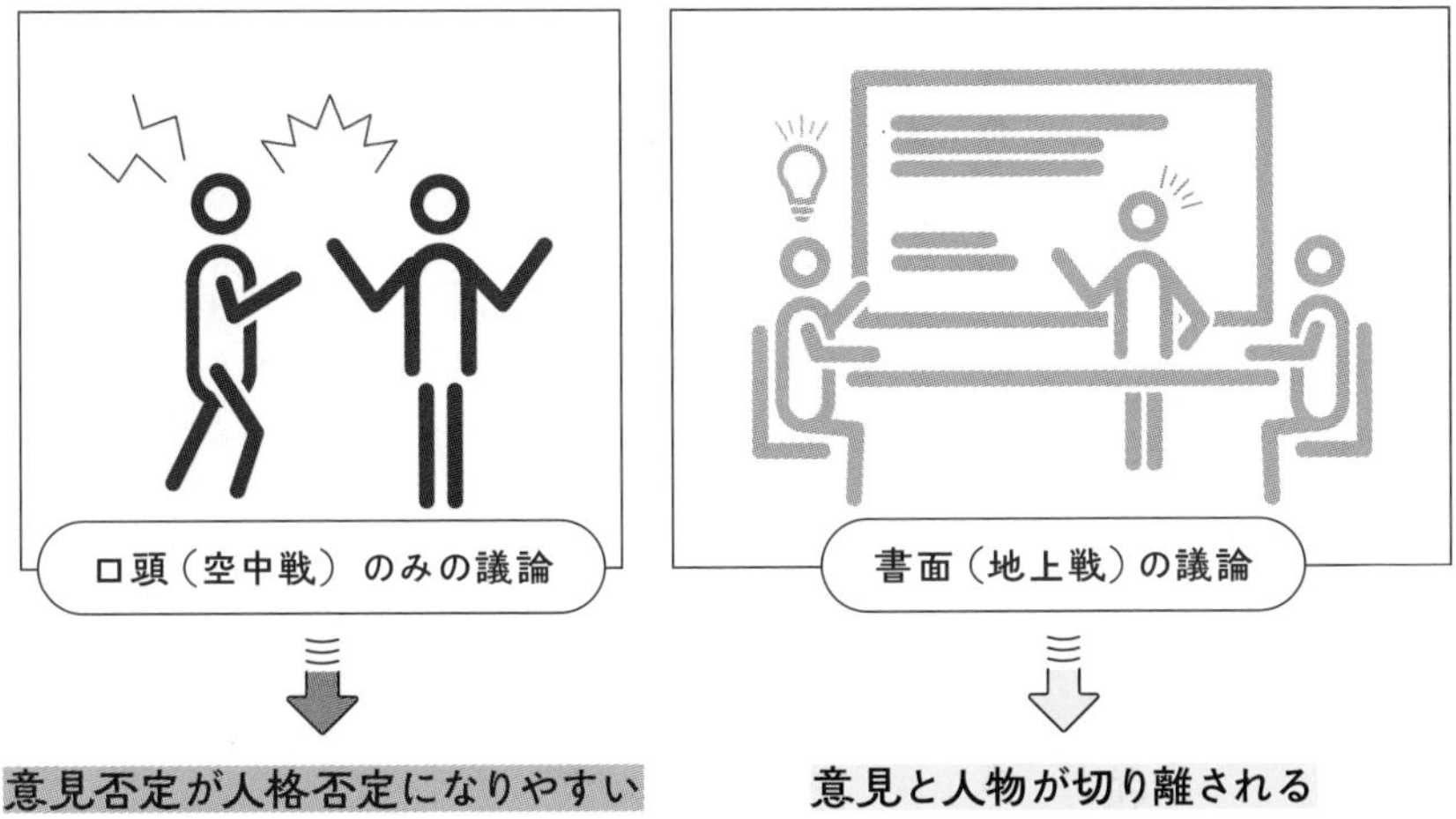
口頭（空中戦）のみの議論
意見否定が人格否定になりやすい
書面（地上戦）の議論
意見と人物が切り離される

切り離されるのです。そうなると、もともとAさんが主張していた意見aが否定されたとしても、それは、Aさんの人格が否定されたのではなく、ホワイトボードに書かれた（誰のものかはあまり関係がない）意見aが否定されたことになります。なので、Aさんへの心象は、かなりマイルドになります。

よく、建設的な議論ができる良い会社かどうかは、会議室にホワイトボードがあるかどうかで判断できる、と言われます。ホワイトボードを上手に有効活用しながら、人間関係やパワーバランスを超えた、戦略的判断を重ねていきましょう。

Method 50 会えない時間は『テキスト』で議論

最近では、SlackやTeamsなどのコミュニケーションツールが普及しています。チャットやファイル共有などをタイムリーに行うことができ、とても便利です。これらのツールの良さは、わざわざ「会議」を開かずとも、テキストでチームの「議論」ができる点にあります。

文字でのコミュニケーションが苦手な人は、何でもかんでも、とりあえず会議をセットしたがる傾向にあります。また、議論は「会議」で行うものと刷り込まれている人もいます。オンラインにしろリアルにしろ、チームメンバーが時間を調整し、わざわざ顔を合わせる会議でこそ、有意義な議論ができると、頑なに信じている人もいるでしょう。

しかしながら、その考え方は、そろそろ卒業しなければなりません。厳しい言い方ですが、「話せばわかる」のではなく、「話してわかったつもりになる」だけではないでしょうか？

会議の意義そのものはまったく否定しませんが、**顔を合わせた会議で出てきたアイデアが、最も優れた革新的なアイデアとは限りません。**また、そもそも時間のない競合プレゼンの場合、そこまで頻繁に集まって会議を開くことはできません。

だからこそ、お互いの自由になる時間で、自分のペースでコミュニケーションができる、メールやチャットが活躍します。ホワイトボードを活用することと、本質的な意味は同じです。**テキストでやり取りするからこそ、建設的な議論が積み重なっていきます。**議事録をとらずとも、経緯も文字ですべて残るので、後から振り返ることも容易です。メールは、比較的じっくり考えて。チャットは、リズムとテンポ重視で。そうやって使い分けながら議論を進めることで、「会議」と「会議」の間の会えない時間も、有意義に活用できます。

もちろん、ちょっとした確認や連絡、情報共有、あるいはデリケートな内容を含む場合は、会議や電話で直接話をした方が効果的な場合もあります。また、言語や文化の多様性が高いようなチームでは、身振り手振りの非言語情報が必要な場面もあります。大事なことは、使い分けです。顔を合わせた会議の時間も、会議と会議の間の会えない時間も、両方を有意義に過ごせるようにすることが肝要です。

Method 51 オリエンシート百回 其の一

業務も中盤に差し掛かると、どうしても、オリエンの内容が頭から離れがちになります。ここらで一度、全員でオリエンシートを読み込むことを強くおススメします。「オリエンシート百回」「捜査は常にオリエンシートに戻れ」が合言葉。大袈裟でも比喩でもなく、本当に百回くらい読むべきです。そうやって、常に「クライアントが何を求めているか」を徹底的に頭に叩き込んでおかないと、提案が少しずつ芯から外れていくからです。言い換えると、**プロジェクトの「目的」と、提案の「what」を常に考え続ける**行為が、勝敗に直結します。

また、議論が停滞したときも、やはり真っ先に戻るのはオリエンシートです。短い競合プレゼン業務の中であっても、議論が停滞してしまう瞬間は何回か訪れます。停滞する原因はいくつもありますが、議論がある程度進んだこの時期に起こりがちなのが、検討中の「手段」や「手法論」が、予算や実現可能性という点で、行き詰まってしまうことが挙げられます。このとき、往々にして頭の中では、**「手段」や「手法論」が「目的」にすり替わり、代替案が出ない**状況に追い込まれています。

そのような場合には、いったんその手段や手法論から離れ、**本来の「目的」に立ち返る**必要があります。「そもそもこのプロジェクトの目的は何だっけ？」「そもそも何をやろうとしてたんだっけ？」という問いかけをすることで、別の手段が見えてきます。そしてその目的は、オリエンシートに書いてあることがほとんどです。だから、いつもオリエンシートに立ち戻る必要があるのです。

そしてお察しの通り、後ほど「其の二」も出てきます。

Method 52 専門用語や略称は、普段から必要最低限に

専門用語や略称には、本当に気をつけてください。「伝わった気になる」言葉の最たるものです。リテラシーや理解度が平準化されている社内会議で使うぶんには構いません。

しかし、競合プレゼンは時間がないので、社内資料がそのまま提案資料になっていくことも多いのです。そうすると、いつの間にか提案書に、専門用語や略称が満載となります。直すのも面倒なので、つい「これくらい理解できるだろう」「クライアントも詳しいはずだ」と思いがちですが、これも典型的な「だろう運転」です。

目の前で向き合っている担当者のリテラシーは高かったとしても、その後ろには、レベルがバラバラな他のクライアントが控えています。その人々への想像力を働かせて、専門用語や略称は必要最低限に抑えましょう。地頭の良い人は、平易な言葉に置き換えて説明できると言われます。普段の社内業務からそれを意識しておけば、本番でも焦ることはありません。

Method 53 全体会議であえて『摩擦』を起こす

基本的には、分科会と全体会議を使い分けながら業務を進めていくことになるかと思います。そのとき、往々にして起こりがちなのが、全体会議が単なる「情報交換／確認」レベルに留まってしまい、「議論／意見交換」レベルに達しないことです。全体会議の人数や社風、あるいは個人の性格にもよると思いますが、全体会議で様子見をする人が多いようだと、それは負けフラグです。分科会で言えばいいや、その方が角が立たないだろうと思っていたら、認識を改めた方が良いでしょう。**全体会議でこそ、良い意味で空気を読まずに、言いにくいことを言う。**言い合える全体会議にする。それが、勝てるチームの会議です。

「タックマンモデル」という、チームビルディングにおけるフレームワークがあります。心理学者のタックマンが１９６５年に提唱したもので、チーム結成時から成果を上げられる状態になるまで、チームの発達段階を5段階に分けています。形成期（Forming）・混乱期（Storming）・統一期（Norming）・機能期（Performing）・散会期（Adjourning）です。

特に注目すべきは、2段階目の「混乱期」です。混乱期はチームづくりに必要な段階であり、混乱期を避けずに、早く混乱や意見の対立を解消することが重要だと言われています。言い合える全体会議が必要だと申し上げているのは、このような理由からです。**あえて対立や摩擦が起きた方が、実はチームとしては強くなっている。**逆に、波風が立たずに業務が進行しているときほど、負けるリスクが高まっているとも言えます。第一部1章で「競合プレゼンでは、チームビルディングをする時間の余裕はない」と申し上げました。見方を変えれば、競合プレゼン業務を通じて、走りながらチームビルディングしていくとも言えるでしょう。

Method 54 『ボトルネック』の作業時間を確保

競合プレゼンに限らずですが、様々なタスクがリレーされて成り立つ業務の場合、どこかに作業能力が低い（作業時間がかかる）「ボトルネック」があると、そこで目詰まりを起こします。そうすると、他がいくら頑張っても思うような成果は出ません。ボトルネックが、全体のスループット（時間あたりの処理能力）を決めているのです。だとすると、**ボトルネックで能力を最大限に発揮するために、他の作業の無駄を省く必要があります。**確保した時間をボトルネックに充てることで、全体のスループットが上昇します。これを「TOC（Theory of Constraints）：制約理論」と呼びます。

多くの提案は（見積もりや体制を除けば）主に次の3つのパートから成り立っています。業界によって呼び方は様々ですので、ご自身の業界に引き寄せて考えてください。

①考え方（課題設定／戦略など）

②提案のヘソ（コンセプト／コアアイデアなど）

③具体（表現／施策など）

Question No.3のケースでは、スケジュール的に後工程にある「③具体」に、充分な作業時間を確保できなかったことが、ひとつの敗因でした。昨今の競合プレゼンでは、「②提案のヘソ」もさることながら、その後の「③具体」が勝負を決める時代になったと感じることが増えてきました。これは広告業界特有の現象と思われるかもしれませんが、その理由を考察していくと、広く一般的な現象とも考えられます。

Method 55

『具体化』になるべく時間を残す

競合プレゼンの採用／不採用を判断する際に、先述の3つのパートに優先順位をつけるとしたらどうでしょう。**クライアントは「①考え方」と「②提案のヘソ」を重視すると答えます。なぜなら、その2つは「立ち戻れる場所」であり、そこさえクライアントと参加社で握れたら、「③具体」は後でいくらでも変更可能だからです。**むしろ、予算やスケジュールなどの諸条件の変更が頻繁にある現代では、提案通りに「③具体」が採用されることは、ほとんどありません。

でも、こと競合プレゼンの勝敗においては「③具体」の完成度が重要度を増してきています。理由は、ビジネス上の課題そのもの、あるいは、その解決策としてとれる手段が複雑化しているために、**「①考え方」や「②提案のヘソ」それだけで、善し悪しを判断しづらくなっているから**です。「①考え方」と「②提案のヘソ」は抽象度の高い概念ですが、その名の通り「③具体」は具体的です。だから「**③具体」を見て、リアルに成功のイメージがわかないと「①考え方」も「②提案のヘソ」も、採用する決断ができない**のです。

具体とは、戦略とアイデアの善し悪しを判断するための「虫眼鏡」のような存在です。だからこそ「具体」を詰める時間を確保するべく、社内業務全体の進行をマネジメントする必要があるのです。

Q
uestion
No.4

そろそろ頭もしんどくなってきた頃かと思いますが、クイズを続けます。可能な限りの思いつく敗因を挙げてください。一度挙げているものは省略して構いません。新たな視点の理由を、何とか捻り出しましょう。

問題

防衛戦だけど負けた競合プレゼン

とある製薬会社の競合のお話。縮小が続くカテゴリ。新規顧客がどんどん減っており、製品使用者も高齢化していた。抜本的な改革が必要とのことで、競合プレゼンを実施することに。A社は既存パートナーの立場であり、ライバル社に比べると、市場のこと、クライアントのことは、かなり理解している。オリエンでは、ターゲットを若返らせることと、広告表現を刷新することを告げられた。大きな表現改革を望むクライアントの要望に応えるべく、A社は新しいスタッフをメンバーに迎え、これまでにない、新しい広告表現を提案する方針を固めた。途中、クライアントに何度か質問会を実施。8割ほど出来上がっていた戦略部分をクライアントに見せつつ「これまでと大きく変える」という提案の方向性に関して間違っていないことを何度も確認。既存パートナーではあるが、過去の資産にしがみつくことなく、攻めて勝つという作戦で本番を迎えた。ところが、結果は敗退。

(Thinking Time…………)

いかがでしたでしょうか。参考までに、このケースの「実際の敗因（のひとつ）」をご紹介します。

答え

質問会で相手の本音を見抜けなかった

オリエンで伝えられた「抜本的な改革が必要」「ターゲットを若返らせる」「広告表現を刷新する」「大きく変える」という言葉を額面通りに捉え、そこに応える表現案を提案したのですが、結果は「ジャンプしすぎ」「既存のブランド資産が失われている」という評価でした。要は「どの程度のジャンプをするか」がひとつの争点だったのですが、質問会の場で、その度合い、つまり、**クライアントの本音の部分を見抜けなかった**のが、最大のミスでした。

オリエンでは、歯切れの良い言葉が並ぶことがあります。しかし、そのせいで、ニュアンス部分が抜け落ちてしまうこともあります。それを、クライアントの伝達／表現のせいにするのは簡単なのですが、それを言っても、結果は覆りません。思い込みを捨て、確認すべきことを確認する。基本的なことですが、その基本動作を繰り返せるかどうかが、勝敗を大きく左右します。

Phase 6

軌道修正

競合プレゼンワークも中盤に差し掛かり、だいぶ提案の全体像も見えてきた頃です。提案の中身は固まりつつありますが、まだ、ある程度の修正は利く時期です。そんなときに行われる、「質問会」という場。(設定してもらえない場合もありますが)あまり頻繁にやり取りしてくれないクライアントと会話できる、貴重な機会です。中間の山場である**「質問会」の効果を最大化できるかが、勝敗に大きく影響します。**

Method 56 『修正可能なタイミング』を見誤らない

当然ですが、軌道修正のヒントが得られても、修正が間に合わなければ意味がありません。質問会の実施タイミングは、慎重に見積もりましょう。そして質問会を経て、もし、現在の方向性に勝ち筋がないと判明したら。もし、多大な労力を割いても修正すべき事案が発生したら。そのときは、リーダーが鬼の決断をしなければなりません。**「損切り」ができるかどうかは、リーダーの重要な資質です。リーダーシップは嫌われることと表裏一体**と割り切り、メンバーから嫌われる覚悟で頑張るしかありません。

時々、今の方向性に勝機が見出せなくなっても「(きっと)今の方向性で大丈夫(なはずだ)」と、見て見ぬふりをする人もいます。これは「正常性バイアス」と言って、何か危機的な状況に直面したときの、心の防衛本能です。正常性バイアスを完全になくすことはできないので、まずはこの心理作用があることを意識して、**自分たちに都合よく判断や評価をしないこと**が大事になります。

Method 57 『もったいないオバケ』に打ち克つ!

修正の決断を阻害するものとして「サンクコストバイアス」にも注意が必要です。「サンクコスト(埋没費用)」とは、既に発生しており、将来的に回収できる見込みのないコストのことです。そして、サンクコストに気を取られ、合理的な判断ができなくなる心理傾向のことを「サンクコストバイアス」や「コンコルド効果」と呼びます。わかりやすく言えば「今やめるのはもったいない」心理のことです。

投資したお金が惜しくて、下がっている株の損切りができない。ラーメン屋の行列に並んだ時間が惜しくて、お腹が空いているのに、別の店に変えられない。つぎ込んだ時間とお金が惜しくて、ソーシャルゲームがやめられない。つまらない本でも、ここまで読んでしまったので、全部読まないといけない気がしてしまう。例を挙げればキリがありません。人間はどうしてもサンクコストに囚われる生き物のようです。

軌道修正をする際に、このサンクコストの存在は、百害あって一利なしです。競合プレゼンでは、勝てるかどうかがすべて。**どれだけ手塩にかけて、時間と労力をかけて考えてきたプランであっても、それが勝利に貢献しないのであれば、手放さないといけません。**サンクコストバイアスによって、誤った判断をしないためには、既に費やした費用や時間をもったいないと思わず「過ぎた過去」だと割り切ることも大切です。勝てない方向性にいつまでもしがみつくのではなく、さっさと見切りをつけて、可能性のある方向に少しでも進むべきなのです。

Method 58 『甘美な正論』にご注意を

提案の軌道修正を検討している段階で、私が気をつけているのは「自分たちが正しいと思うこと（＝市場や生活者にとっての正解）をぶつけましょう」という言葉です。この正論には、何とも抗い難い甘美な響きがあります。なかなか正解がわからず、判断基準がない場合、ついこの言葉にほだされてしまうのですが、注意が必要です。なぜなら、これは典型的な思考停止ワードであり、負けフラグだからです。

市場や生活者にとっての正解（＝自分たちが正しいと思うこと）と、クライアントにとっての正解は、相反するものではありません。むしろ、それらを両立させる提案を、クライアントは求めています。誤解を恐れず言えば**「自分たちが正しいと思うことをぶつけよう」と言った瞬間に、真の正解の追求を諦めている**のです。「本質」のふりをした「自己都合」の提案に、片足を突っ込んでいます。かっこいい言葉ではあっても、勝利を導く言葉ではない。そんな「甘美な正論」が出てきたら、思考停止のサインです。最大限の警戒を。

Method 59 企画の100本ノックより、1回のヒアリング

ルール違反だと思っているのか、はたまた、職人気質がそうさせているのか。こと競合プレゼンになると、「クライアントに聞いてはならないモード」に入り込む人が出現します。もちろん、素晴らしい提案をするために、企画やアイデアを出しまくることは、まったく否定しません。時間が許す限り、全力で取り組みましょう。それはきっと、クライアントのためになります。

しかし、私たちがやっているのは、コンテストやコンクールではなく、ビジネスでの競合プレゼンです。目的は、競合を勝ち抜き、クライアント企業の成長に貢献することです。そして、私たちが向き合っているのは、他の誰でもない、クライアントです。どれだけ一生懸命やったかも大事ですが、どれだけクライアントの役に立つかは、もっと大事です。

100本ノックも悪くはありませんが、1回のヒアリングに勝る効果が、安定して期待できるでしょうか。 かけた労力に対して、得られるメリットの大きさや確実性は、比較に

ならないと思います。

Method 60 質問会で掴むのは修正の『方向性』と『距離感』

「質問会」という名前ではありますが、本当に「質問」だけで時間を使うのは、やめましょう。聞けば答えてくれる質問は、電話やメールで事前に済ませておけば良いからです。

質問会は「0次提案」「中間提案」と心得る。まずはスタッフを売り込み、提案への期待をつくりましょう。よく本番のプレゼン冒頭で、スタッフの輝かしい経歴や受賞歴を披露することもありますが、クライアントはまったく聞いていません。スタッフ自慢をしたいなら、ここで済ませておきましょう。

質問会の前には、必ず準備のための会議を開きましょう。質問事項は書面にして準備します。参加メンバーは各パートの責任者に限定し、なるべく少人数で訪問する方が、相手の本音が引き出しやすいと思います。回答も必ず書面にし、チームメンバーに共有しましょう。

そして、**質問会の真の目的は「軌道修正のヒントを得る」**ことです。「わからないことを聞く」のではなく、「クライアントの真意を引き出し、軌道修正の方向性や距離感を確認する」のが狙いです。その確認を、質問会という体裁で行うのです。

Method 61 ジャンプの高さを見極める

プレゼン戦略を立てるにあたり、序盤での判断が難しいことのひとつに「現在からどれくらい変えるか」というテーマがあります。競合プレゼンである以上、(まったくの新商品でもない限り)何かを変えるために開かれます。広告業界で言えば、現在の広告そのものであったり、ブランド戦略であったり、メディア戦略であったり。問題は、どの程度のジャンプ(変化の距離感)が適切なのか、その基準が見えにくいことです。

これをクライアントに直接質問すると「抜本的に変えたい」「大きく刷新したい」という威勢の良い答えが返ってきます。でも、それを鵜呑みにすると「こんなに変えるつもりはなかった」「ブランド資産がなくなってしまう」と言われて負けることもあります。ひとえに、コミュニケーションのミスです。

挑戦者の立場なら、現行体制を否定し、思い切って新しい提案をする意思決定は容易なのですが、問題は、王者である場合です。業界最大手、インクライアントシェア1位、既存チームならではの悩みと言っても良いでしょう。**競合プレゼン業務の初期段階で、適切な変化の距離感を見極めるのは、実際問題かなり難しい。**そこで、ある程度の提案の具体が固まってきた段階で、それを質問会でクライアントにぶつけて反応を見る、という方法をとります。

Method 62 『考え方』より『具体』を当てる

そしてこれが最大のポイントなのですが、軌道修正のヒントを得るために、クライアントに何をぶつければ良いのか。それは「考え方（課題設定／戦略など）」ではなく「具体（表現／施策など）」であるべきなのです。基本的に「考え方」を当てても、クライアントは「そうですね（同意）」としか答えません。オリエンでそう伝えましたし、間違っていませんよ、と。

なぜ同意の返事しか返ってこないかというと、課題設定や戦略は、極めて抽象度が高いからです。

むしろ当てるべきは「具体」です。なぜなら、具体的であるがゆえに「イメージに合っている／ずれている」「好き／嫌い」「良い／悪い」が、如実に反応に現れるからです。**具体を当てることで引き出される意見こそ、クライアントの本音です。オリエン時には言語化されていなかったイメージ**とも言えます。考え方より、具体を当てる。そうしないと真の答えは引き出せないのです。

Question No.4のケースでの失敗は、質問会で「戦略」という抽象度の高い会話をしてしまったがために、表現のジャンプ度合いを測りかねたことです。ここで、少しでも具体をぶつけられていたら、適度な修正を施すことができ、結果は違っていたかもしれません。質問会までに具体（の片鱗）の用意が間に合わないケースもあるかと思いますが、そのためにも、提案のヘソを早めに決めて、具体を詰める時間を確保する必要があるのです。

Method 63 『ネタバレ』を気にしすぎない

具体をぶつけようという話をすると「ネタバレ」を気にする人が必ず出てきます。提案本番でのインパクトがなくなる。新鮮さが失われ、提案の心象が悪くなるというのが、主な理由です。

確かにネタバレの悪い面はあります。ですがそれは、かなり古い感覚のような気もします。こと広告業界の場合、提案の一番大事な部分は、具体的な広告表現案だった時代がありました。ゆえに、プレゼン当日の鮮度や、初見の印象、心が動いたかどうかが、勝敗に強く影響したのも事実です。そのような場合は確かに、事前のネタバレは悪いことだと思います。

しかし昨今、広告表現の印象だけで勝敗が決する競合プレゼンは、少なくなっています。戦略と表現の一貫性、緻密なカスタマージャーニーなど、全体設計として優れているかが、勝敗を分けるようになってきました。そうなるとクライアントも、プレゼン当日の鮮度や印象だけで、採用社を決めるという判断は行わなくなります。むしろ、じっくりと時間をかけて提案を理解し、比較検討するようになります。おそらくこのような傾向は、広告業界に限った話ではないと思われます。

だとすると、**具体をぶつけて、その方向性や善し悪しを確認し、軌道修正のヒントが得られる方が、メリットがはるかに大きい**というのが、私の意見です。ネタバレして多少のデメリットがあっても、それをはるかに上回るメリットを得られるのです。ただし、情報管理の観点から、コンタクトする相手と信頼関係が築けていることが前提となります。

Method 64 否定されたらチャンスと思え

ネタバレとは少し違う視点で、具体をぶつけることを嫌がる人の意見に、次のようなものがあります。「中途半端に具体案をぶつけて、もし否定されてしまったら、本番でもうそれを出すことができない」というものです。果たして本当にそうでしょうか？　私はそれが、勝利に貢献する態度だとは思いません。

もし、**否定された理由が納得のいくものであれば、その提案は最初から通らないものだった**、それだけの話です。「この方向性はないと事前にわかってラッキー」でしかなく、さっさと次の案を考えれば良いだけの話です。メリットしかありません。

逆に、**否定された理由に納得がいかないのであれば、本番に向けた改善点がわかった**と、ポジティブに受け止められます。否定された理由も飲み込んだ、強固な提案ロジックを固めるチャンスです。具体案のディテールを詰めるヒントにもできます。一度否定されたとしても、その提案に自信があるなら、ブラッシュアップして堂々と出せば良いのではないでしょうか。やはり、メリットしかありません。

しかも、昨今のリモートワーク環境では、プレゼンの前に企画書を送付しておくことが増えています。そうなるともう、事前のネタバレはあって当然。いくら質問会で隠しても、こちらの意図とは関係なく、提案前にネタバレしてしまうのです。そんな環境が一般化している今、**むしろ重視すべきは、プレゼン当日の鮮度よりも、提案内容に対するクライアントの本質的な理解を促すこと**です。そういう意味でも、相手の真意を見抜くために、ぜひ勇気を持って「具体」を当ててみることをおススメします。

Method 65 『それ、以前検討したことあるんです』を回避せよ

私がしつこく「具体を当てろ」と申し上げるのには、もうひとつ理由があります。それは、「実はその案、以前社内で検討したけれど、ダメだったんですよね……」と、本番のプレゼンで言われるのを防ぐためです。実はこの**「以前検討したけどダメだった」は、不採用理由として強力すぎるほど強力なのに、事前に知ることが難しいという、厄介な性質を備えています。**SansanのテレビCMではありませんが「それ、早く言ってよ〜」というやつです。

これが通常業務であれば、「そうですか、では別の案を検討します」「なぜ以前、この案はダメだったのでしょうか？」と、建設的な意見を交わせます。しかし競合プレゼンでは、「不採用」の烙印を押されて終わりです。これほど残念かつ不幸な理由があるでしょうか。**敗因は、単純に「知らなかった」だけ**です。しかも、どちらが悪いわけでもなく、ただた

だ、クライアントと参加社の情報交換不足。そんなくだらない理由で、投下した時間や労働が水泡に帰すのは、お互いにとって不幸でしかありません。生産性が著しく低いと言わざるを得ず、競合プレゼン害悪説が叫ばれるのも頷けます。

クライアントや競合他社が、以前実施したものと同じことを提案してしまえば、「二番煎じですね」と言われ、負けるのは当然です。情報化社会の現代、それは調べればすぐ出てくる情報ですので、単なる参加社のリサーチ不足にすぎません。しかし、クライアント社内で「以前検討したことがある」ものは、ネットで検索しても出てきません。これはかなり厄介です。しかも、「御社で以前検討したことがあるものを、すべて教えてください」とお願いしても、そんなものは資料化されていませんので、回答は得られません。つまり、**オリエン直後のヒアリングで、このリスクを回避するのは不可能**なのです。

だから、質問会の場で具体を当てるのです。具体を当てると、「あれ、どこかで見たことあるな」と、クライアントの記憶の中から、以前検討したことが呼び起こされます。「検討したけれどダメだった」のであれば、なぜダメだったのか理由を知ることで、提案の方向性を変えられます。その案を捨てるなり、ダメだった理由を改善して提案するなり、対策が打てるはずです。

Q
uestion

No.5

さぁ、終わりが見えてきました。これが最後のクイズです。最後くらいは勝ったケースをご紹介しても、バチは当たらないでしょう。やっていただくのは、勝因の列挙ではありません。どんなプレゼンの組み立て方で勝利を引き寄せたのか、A社のプレゼン構成（順序）を考えてみる、というものです。

問題

組み立てを工夫して勝った競合プレゼン

国内大手外食企業の競合のお話。年間10本以上のキャンペーンを実施する業態。パートナー変更は実務上の混乱をきたすため、競合プレゼンは長らく実施されてこなかった。しかし少子高齢化の影響で、客数は減少する一方。そこで、抜本的なマーケティング／コミュニケーション改革を目的に、競合を実施することに。広告会社A社は、様々なコネクションを駆使し、既存パートナーの不満を徹底的にリサーチ。現場社員は面倒な引き継ぎ業務の発生を懸念し、パートナー変更に反対。一方の上層部は客数減少に課題意識を抱えていたが、それ以上の不満があることがわかった。それは、既存パートナーのコストの肥大化と不透明さ。A社は自社の役員もプレゼンに引っ張り出し、会社をあげて競合プレゼン獲得に動いた。結果は見事に勝利！

プレゼンの構成要素は次の通り。

役員挨拶／戦略／コアアイデア／エグゼキューション／メディア／体制／コスト

どんな順序でプレゼンを組み立てたでしょうか？

（Thinking Time…………）

答え

最大の関心事を最初に話した

役員挨拶＝コスト透明性↓戦略↓コアアイデア↓エグゼキューション↓メディア↓体制↓コスト詳細

クライアントの最大の興味（＝不満）が、既存パートナーのコスト問題ということは事前にリサーチ済み。そこで作戦として、コストの話を「**最初に**」持ってくることにしました。

広告業界に限らず、コストの話は最後にするのが、何となくプレゼンの慣例になっています。中身を知らずして値段の判断はできない、というのが理由です。しかしプレゼンの開口一番、A社役員に「弊社はコストの透明性を担保します」と宣言させたのです。その効果は抜群で、クライアント上層部の安心感と期待感が、一気に高まりました。その状態でプレゼンを聞いてもらうことで、戦略の話もアイデアの話も、好意的に受け止めてもらえたのです。

Phase 7

企画書＆プレゼン

競合プレゼン仕事も終盤です。いよいよプレゼンの組み立てを考える時期になってきました。**「相手の立場に立って企画書を書く」「聞く側の立場に立ってプレゼンテーションする」のは、プレゼンの基本にして奥義**です。どんな本にも書かれている基本的な内容ですが、突き詰めていくと本当に奥が深いと感じます。

そもそも人間は「知識の呪縛」というバイアスを抱えています。「自分が知っていることは、他人も知っているだろう」と思い込みがち、というものです。このバイアスのせいで、知識を持っている人は、知識を持たない人の立場から考えることが、そもそも難しいのです。相手の立場に立ったプレゼンが、いかに困難でハイレベルなものかを自覚するところから始めましょう。

「企画書の書き方」や「プレゼンテクニック」に関しては、良書や講座が多数存在しますので、基本的なことはそちらで学んでいただければと思います。本書では、それらの書籍や講座であまり語られていないポイントを中心に解説していきます。

Method 66 オリエンシート百回 其の二

プレゼンを組み立てるときも、やはり拠り所になるのはオリエンシートです。繰り返しますが、「オリエンシート百回」「捜査は常にオリエンシートに戻れ」が合言葉。なぜなら、**何度読んでも発見があるから**です。そして、オリエンシートを複数回見直する上で、注意点やポイントがあります。

競合プレゼン仕事が進むにつれて、自分もチームも、頭の中がどんどんアップデートされていきます。オリエンを受けた直後と、そこから時間が過ぎた提案直前では、市場やクライアントに対する理解度がまったく違うものです。必然的に、読むタイミングによって、オリエン内容の受け止め方も、受け止められるポイントも変わってきます。

○序盤：概要（幹）
○中盤：細部（葉）
○終盤：本質（根）

序盤は、どうしても概要（幹）の理解に留まります。でも、それで構いません。オリエンの大事なポイント、骨子を掴むことを優先しましょう。ざっくり今回の課題は何だろうか？　それにはどんな体制構築が必要だろうか？　それぞれのチームで考えるべきポイントは？　といった要点さえ大きく外さなければ、スタートダッシュが可能です。

中盤では、細部（葉）にこだわって読みましょう。ここでは、序盤で無意識に軽視していた部分、見て見ぬふりをしていた部分をあぶり出します。なぜこの言葉づかいなのだろう？　この注釈の意味は何？　前のページとニュアンス微妙に違うな……。無視しようと思えば無視できてしまいそうな細かいところにも必ず意味があります。絶対に意味があるはずだ、というスタンスで臨むべきです。そうしないと、得られるはずのヒントを自ら捨てていることになるからです。謙虚な気持ちを持って読むように心がけましょう。

終盤では、課題の本質（根）を改めて掴むのが肝心です。それが、プレゼンでの力点に影響するからです。結局一番大事なのはどこだろう？　クライアントが最も期待している部分は何？　最大の困りごとは何？　**終盤に来てようやく、我々はクライアントに追いついています。**もっと謙虚に考えれば、オリエンから提案までの数週間の間にも、クライアントの頭の中はどんどん先に進んでいるので、実はまだまだ追いついていないのかもしれません。それくらいの認識を持ってオリエンシートを読み込みましょう。

Method 67
『PREP法』と『SDS法』を使い分ける

プレゼンの構成には、大きく分けて2つの方法があります。「PREP法」と「SDS法」です。どちらを採用すべきかは、業界や状況、相手によります。

PREP法

①Point（結論）
②Reason（理由）

③Example（具体例・事例）
④Point（結論を強調）

の順番で構成されるのが「ＰＲＥＰ法」です。最初に①結論。次に②結論に至る理由。③理由に対する具体例や事例で説得力を高め、最後に④要点を繰り返して終わるというプレゼン方法です。結論を最初に伝えるＰＲＥＰ法は、時間のない相手や、何よりも先に「結論」を知りたい相手にとっては、ストレスがなく、最適な話法です。結論や論理性が重視されるビジネスプレゼンの、基本型といっても良いでしょう。

ＳＤＳ法

①Summary（概要）
②Detail（詳細）
③Summary（まとめ）

の順番で構成されるのが「ＳＤＳ法」です。最初に①これから伝えることの概要や目次。次に②各パートの詳細。最後に③結論やまとめを持ってくるというプレゼン方法です。結論もさることながら、そこに至るまでのストーリー（過程や話自体）に重きを置く場合に適した話法です。講演、研修、製品発表など、最初にネタ（結論）を明かさない方が良い場

PREP法とSDS法

PREP法

① Point（結論）
② Reason（理由）
③ Example（具体例・事例）
④ Point（結論を強調）

結論重視

なぜその結論なのか
論理性が重視される場合

SDS法

① Summary（概要）
② Detail（詳細）
③ Summary（まとめ）

ストーリー重視

結論もさることながら
その過程や話自体に重きを置く場合

合に用いられます。

実は広告業界に限って言えば、プレゼン構成はほとんどがＳＤＳ法です。この業界しか経験のない人は、意外と気づいていない点かもしれません。例えば戦略パートなど、各パート内ではＰＲＥＰ法で組み立てることもありますが、提案の中核が広告アイデアの場合、いきなりそこからプレゼンすることは稀でしょう。そういう意味では、提案全体で言えばＳＤＳ法に分類されます。結論ファーストのＰＲＥＰ法に比べると、ネタ（結論）を最後まで引っ張るＳＤＳ法は、実は難易度が高くなります。相手の興味を維持したり、疑問を挟ませないように先回りしたりと、何かとケアすることが多くなるからです。

大事なことは、自分のいる業界や育ってきた環境で、暗黙の了解としてどちらの話法が使われているのか、それを自覚することです。その上で、両方を適切に使い分けられるようになりましょう。

Method 68 『一番かゆい場所』を最初に掻く

これはあまり巷のプレゼン本には書かれていないのですが、ＳＤＳ法のプレゼンの際に、私がいつも意識しているのは「**相手の一番かゆい場所を最初に掻く**」ことです。もし事前のリサーチで「一番かゆい場所＝最大の興味」がわかっているのなら、そこを真っ先に掻きましょう。そうしないと、ムズムズさせたままプレゼンを聞かせることになるからです。

自分が提案を聞く立場になればわかりますが、聞き手の頭の中（興味や思考）を、話し手がコントロールすることは、基本的には難しいものです。Question No.5のケースのように、相手の最大の興味が「コスト問題」である場合に、一般的な順番でプレゼンをしていたら、頭の中はきっとこんなふうになることでしょう。

話し手「戦略はカクカクしかじかで……」
聞き手（いや、コストが心配なんだよね）
話し手「ゆえに、アイデアはこれこれで……」
聞き手（だから、コストどうなのよ）
話し手「具体の表現はこうなります……」
聞き手（コスト気になって頭に入ってこないわ）

一度気になり出したら、それが頭から離れなくなるのが人の性です。戦略やアイデアももちろん大事ですが、もしも、それ以外に「一番かゆい場所＝最大の興味」があるのなら、まずはそこに言及することで、相手の安心や期待感を高めることができます。

結論ファーストのＰＲＥＰ法なら、「結論＝最大の興味」のはずなので、こんな心配をする必要はありません。しかし、ＳＤＳ法が通例となっている業界のプレゼンでは「ネタ（結論）＝最大の興味」ではない場合が多々あります。だからこそ「相手の一番かゆい場所を最初に掻く」ことが必要になるのです。

当たりのマッサージ師の見分け方

長めの余談にお付き合いください。私は重度の肩凝りで、マッサージ屋さんなしでは生きられない期間が10年ほどありました。毎週のように頻繁に通っていたのですが、仕事柄、いつ時間が空くか見通しが立ちにくく、特定のマッサージ師を指名することが難しかったのです。仕方なく、いつも空いた時間に飛び込みで入っていました。そうなると、そのときに空いている方に担当してもらうので、どうしても「当たり外れ」が出てきます。何年も、様々なタイプのマッサージ師に施術してもらった結果、私は施術が始まった瞬間に、マッサージ師の「当たり外れ」が見分けられるようになってしまいました。違いは、マッサージそのものの技術ではありません。ポイントは2つ。ひとつは「最初に施術の手順を示す」こと。もうひとつは「一番辛い患部を最初にほぐす」ことです。

どんなマッサージ師も一応、施術の前に症状をヒアリングしてきます。「背中の背骨の脇、特に右側が辛いです。重点的にお願いします」と、私はいつも答えます。すると、外れのマッサージ師は、いきなり施術を始めます。しかも、私が辛いと説明した患部とは、まったく違う場所からです。なぜ違う場所から始めるのかと言えば、いきなり患部からではなく、その周辺からほぐした方が、血流が改善され、結果的には患部の辛い症状の改善に効果が高くなるから、と説明を受けたことがあります。でもそれは、マッサージ師の理屈です。私の頭の中は「あれ、自分が伝えたこと、ちゃんと理解してもらえなかったのかな?」「あれ、一番辛いと言った部分、いつになったらやってくれるのかな?」「だから、辛いのはそこじゃない!」という心配や不安、あるいは怒りでいっぱいになります。そうなるともう、マッサージに没頭できません。不満を抱えたまま時間を過ごし、お金を損した気分になるのです。

一方、当たりのマッサージ師は、兎にも角にもまず、一番辛いと訴えた患部をほぐしてくれます。そうしながら、並行して施術の全体像を説明してくれます。「まず、腕周りから。次に肩をほぐして、充分に周辺の筋肉がほぐれたところで、最後に背中の辛い部分を重点的にやっていきますね」と。そうなるともう、私の安心感はMAXです。もしかしたら、外れのマッサージ師と技術的な差はなかったのかもしれません。でも、ホスピタリティは雲泥の差です。

つい熱くマッサージを語ってしまいましたが、相手の一番かゆい場所を最初に掻く。プレゼンでも同じです。「相手の立場に立ったプレゼン」の、ひとつの例としてご理解ください。

Method 69 『一貫性』と『残しどころ』を追求

「**鳥の眼・魚の眼・虫の眼**」という例えもありますが、全体を俯瞰する「鳥の眼」、全体の流れを見る「魚の眼」、細部を見る「虫の眼」で、企画書をチェックします。この中でもより重視したいのが、鳥の眼と魚の眼、つまりは「**一貫性**」です。クライアントの立場で、俯瞰の視点で提案を形づくりましょう。ツギハギだらけの提案にしないためには、職域を超えた判断が必要です。センタープレイヤーの出番ですね。

「残しどころ」とは、提案で相手に印象づけたい最重要ポイントです。**残しどころのプレゼンでは、「感情をふるわせる」ことを意識**してみてください。人間の脳には「感情が動いたときが記憶に残りやすい」という性質があります。「海馬（かいば）」と呼ばれる、記憶を司る脳の部位があるのですが、実はこの海馬、必要な記憶と不必要な記憶を分類し、必要な記憶を残すという「仕分け」を行っていると言われています。そこで、仕分け人である海馬に「ここは大事なポイントだから、ちゃんと記憶しておこう」と判断してもらわねばなりません。そのために、プレゼン上の「残しどころ」には、「笑い」「驚き」「感嘆」といった、感情の動きを仕込んでおく必要があるのです。

Method 70 『同一主張、同一図形、同一色』の法則

「一貫性と残しどころ」を追求する上で、私が実践している企画書作成テクニックをひとつだけご紹介します。本来、企画書作成術は「提案の中身をつくる方法論」なので、本書のテーマではありませんが、ほんのひとつだけ。それは、「同一主張、同一図形、同一色」の法則です。

例えば企画書の戦略パートで、「共感を超えた問題化で、生活者を強く引き込み、商品を選ぶ必然性をつくる」という主張をしたとします。大事なポイントなので、パワーポイントで、赤色の箱の中に、白抜きの文字で書いたとしましょう。その流れを受けて、次の

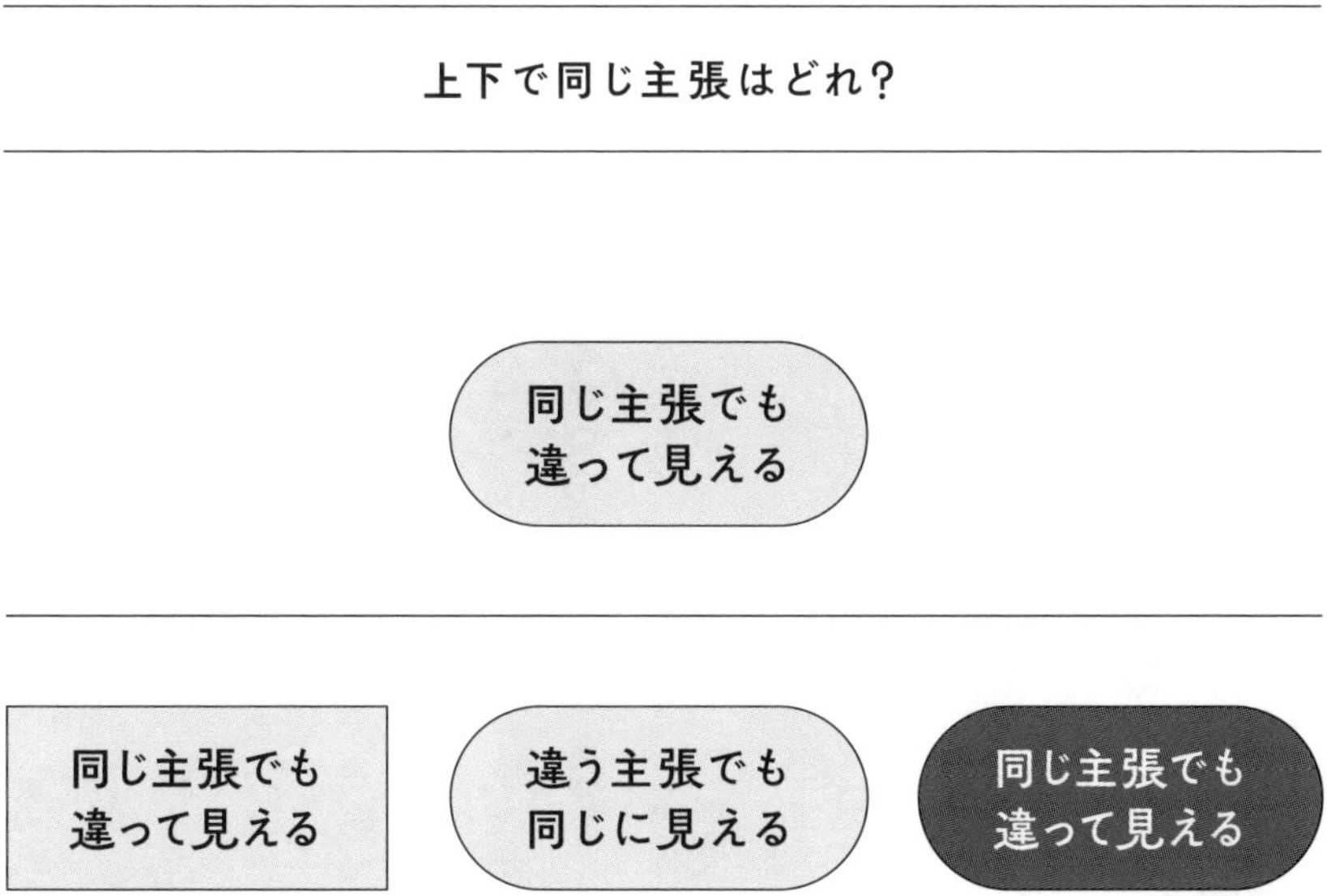
上下で同じ主張はどれ?
同じ主張でも
違って見える
同じ主張でも
違って見える
違う主張でも
同じに見える
同じ主張でも
違って見える

ページにも、戦略を受けたクリエイティブのパートにも、最後のサマリーにも、同じ主張を入れる。このように、大事な主張は、複数ページにわたって何度も出てきます。その際に、すべてのページにおいて、まったく同じ「赤色の箱の中に、白抜きの文字」で書くというテクニックです。テクニックと言うほど大袈裟なものでもないのですが、「一貫性と残しどころ」という点において、その効果は絶大です。

誤解を恐れず言うと、**人は瞬時に文字の意味を認識できません。でも、色や図形は瞬時にわかります。**つまり、複数ページにわたって「同一図形、同一色」のものが出てきたら、それは「同じことを主張している」と、瞬時に認識できるのです。逆に、違う形の図形で囲んだり、違う色で書いたりすると、同じ主張をしているのに、何だか違うことを言っているように見えます。企画書は複数人で分担して書かれることが多いと思いますが、作成者が違うと、同じ主張でも、違う図形や色で書きがちです。そうなると、クライアント（聞き手）は、「何だかバラバラした提案だな」「つながりが悪いな」という印象を抱きます。

これはあくまで、「一貫性と残しどころ」を追求する上での、テクニックの一例です。**短い時間の中で、多くの情報をインプットするのが競合プレゼン**です。プレゼンでは細部にこだわって、とことん「一貫性と残しどころ」を追求していきましょう。

Method 71
『わかりやすい』は大正義

プレゼンにおいて何が一番重要かと問われれば、私は間違いなく「わかりやすさ」だと答えます。 ときに「正確性」や「面白さ」よりも優先すべきくらいの重要度です。いくらこだわっても、こだわりすぎることはありません。それくらい「わかりやすい」は正義です。正義どころか、大正義です。逆に言うと「わかりにくい」は悪です。悪どころか、最悪です。ではなぜ「わかりやすい」は大正義で、「わかりにくい」は最悪なのか、その理由を突き詰めて考えたことはありますか？

商品のことをきちんと理解しないと、人は商品を買わないから。高額な買い物ならなおのこと。そんな説明をよく聞きます。もっともらしい説明な気がします。でも、本当にそれだけでしょうか？　意外と知られていない理由をご説明します。

提案の印象は、話し手と聞き手の関係性次第

聞き手の立場で、話し手の言っている内容が「わかりにくい」と感じたとします。そのときに働く心理には、相手（話し手）と、自分（聞き手）との関係性によって、２パターンの違いが生じます。

話し手が目上の場合

例えば、相手（話し手）が、社長や上司、あるいは弁護士、医者、恩師、総理大臣など、明らかに自分より知識や教養があって、立場的に「目上」の人だとします。その人の話が、いまいち理解できない自分がいる。そのとき自分（聞き手）はこう思います。「話が理解できないのは、自分の理解力が足りないからだ。きっと相手は、崇高な話をしているに違いない」と。間違っても、相手の話の内容（質）が悪いとは思いません。つまり、**理解できない原因を「自分（聞き手）」の方に求めます。**

話し手が目下の場合

一方、相手（話し手）が子どもや、後輩、部下など、立場的に「目下」の人だとします。その人の話が、いまいち理解できない自分がいる。そのとき自分（聞き手）はこう思います。「話が理解できないのは、自分の理解力が足りないからではない。相手が取るに足らない話をしているからだ」と。間違っても、相手は何か崇高な話をしているに違いない、とは思いません。つまり、**理解できない原因を「相手（話し手）」の方に求めます。**

自分が理解できない内容＝質の悪い内容

イソップ物語の「酸っぱいブドウ」の話が有名です。キツネがおいしそうなブドウを見つけるが、高いところにありどうしても手が届かない。しまいには「あのブドウはきっと酸っぱくてまずいに違いない」と言って去る、というものです。これは心理学的に「認知的不協和の解消」と呼ばれます。「ブドウに手が届かない」という不快な事実を突きつけられたときに「あのブドウは酸っぱい＝自分は最初から欲しくなかった」と態度を変えて、その不快感を解消する、というものです。

提案が理解できない（わかりにくい）という認知的不協和を「それは提案内容が取るに足らないからだ」と思うことで解消する。これが、プレゼンの現場で起こっています。もしあなたが、業界を代表する大御所なら話は別です。でも残念ながら、受発注というビジネスの上下関係がある中では、この心理現象は止められません。これは、クライアントが参加社を見下している、という意味ではありません。話し手と聞き手の関係性次第で、ごくごく自然に、誰もが無意識に抱いてしまう感覚なのです。

だからプレゼンでは**「自分が理解できない内容=質の悪い内容」と無意識に判断**されます。間違っても「相手の言っていることは、実は自分が理解できないだけで、本当は素晴らしいものなのかも?」とは思ってくれません。「プレゼンはわかりにくかったですが、御社を採用することに決めました」なんて返事をもらった人は、おそらく誰もいないと思います。

面白くないプレゼンや、正確性に欠けるプレゼンでも、勝つことはあります。でも、**わかりにくいプレゼンで勝つことは絶対にありません。**だから「わかりやすい」は大正義で、「わかりにくい」は最悪なのです。もしプレゼン後、クライアントから「とてもわかりやすかったです」とお褒めの言葉をいただいたら、それは最大級の賛辞です。

Method 72 クライアントの『単語』を使う

わかりにくいプレゼンになってしまう初歩的な理由として、相手(クライアント)の単語を使わずに、自分たちが使い慣れている単語を使ってしまうことがあります。この「単語」という部分がポイントです。口頭でのプレゼンができない資料提出の場合は、特に注意が必要です。

提案の受け手は、単語（ワード）に敏感に反応します。これは、文（センテンス）の意味を理解できない、ということではありません。読解力の問題ではなく、誰しも提案を受けたらそうなってしまうのです。例えば、「絶対に、真っ黒なりんごを想像しないでください」と言ったとします。あなたの頭の中には今、「真っ黒なりんご」が思い浮かんでいるはずです。「想像しないでください」と文章で言われているのに、「真っ黒なりんご」という単語に反応し、想像してしまった。つまり**脳は、文章の意味よりも、単語から連想されるイメージを、より強く感じてしまう**のです。

実際にあった例ですが、「ブランドが失ったポジションをもう一度取り戻す」というテーマ設定でプレゼンしていたときのことです。私はあまり考えず「ポジションの奪還」と企画書に書いていました。「取り戻す」も「奪い返す」も意味は同じだろうと思い、短く歯切れの良い「奪還」を使用していたのですが、ここにクライアントは違和感を示しました。どうやら「奪還」に「競合他社にポジションを奪われた」とのニュアンスを読み取り、プライドを傷つけられたと感じたそうです。実は、オリエンシートには書いていなかったのですが、クライアントはオリエンの場で「復権」という単語を使っていました。後から思い返すと、その「復権」という言葉には、「時代の流れの中で自然とポジションが失われた（決して他社に奪われたのではない）」という強烈な自負心があったのだと思います。

はっきり言って私は、「同じ意味で言い換えただけじゃないか」「ちゃんと読んでもらえればわかるから」と思ってしまいました。しかし、たとえ同じ意味だったとしても、文章を読めば誤解なく伝わることだったとしても、それは、自分の理屈です。**単語が発するイメージやニュアンスをどう感じるかは相手次第であり、それは、提案側がコントロールできるものではありません。**だからこそ、安易に自分たちの単語に言い換えず、徹底して相手の単語を使う必要があるのです。

Method 73 『イエス3回』で同意を引き出す

「わかりやすい」を追求すると、副次的な効果もあります。「イエスセット話法」をご存知でしょうか？　イエスセット話法とは、相手から「イエス」の返事を引き出すための交渉術です。何度も「イエス」と返事をしていると、次の質問にも「イエス」と答えやすくなってしまうというものです。ここでも、前述の「一貫性（の法則）」が背景にあります。つまり、質問に対して何度も「イエス」と同意していた場合、その態度を一貫させようと、次の質問にも「イエス」と答えやすくなるわけです。

「必ずイエスと答えてもらえる質問から入る」「それを最低3回続ける」などのコツがある対面交渉術なのですが、これはプレゼン構成にも応用できます。「わかりやすい」を追求していると、聞き手は声に出さずとも、自然と心の中で同意（イエス）を繰り返すことになります。それを続けていくと、提案のヘソ（最重要ポイント）でも同意（イエス）を得やすくなるのです。結論ファーストの「PREP法」ではなく、結論を後半に引っ張ることになる「SDS法」でプレゼンを構成している場合に有効なテクニックです。**本当に提案性のある結論とは、一見すると意外性を含んだものが多いので、それに対して自然と同意（イエス）を引き出すためには、「わかりやすい」を重ねていくことが重要なのです。**

ただし、気をつけてください。「イエス」を引き出そうとするあまり、「周知の事実」「言わずもがなの大前提」「当たり前すぎること」を並べてしまうと、冗長で間延びしたプレゼンになります。あくまで聞き手の興味を維持しながら「イエス」を重ねていく必要があるのです。

Method 74 自分が話しやすい≠相手が理解しやすい

先ほどの「わかりやすい」にも通じますが、良いプレゼン構築のためには、自分とメンバーに対して、厳しい視点を投げかけ続ける必要があります。よく、チームメンバーが集まって企画書を詰めている中で、ある程度の議論が終わった後に、こういったセリフが出てきます。「後はスピーカーが話しやすいように仕上げてもらえれば大丈夫」というもの。実はこれ、典型的な負けフラグです。

なぜなら、**話し手が話しやすいことと、聞き手が理解しやすいことは、本質的に別物**だからです。ここに気づいていない人が実に多い。大きな勘違い、おごりと言っても良いでしょう。聞き手が理解しやすいプレゼンで勝利することはあっても、話し手が気持ち良くしゃべったら勝てるなんてことは、絶対にありません。

もちろん、たまたま「話し手が話しやすい」プレゼン構成と「聞き手が理解しやすい」

プレゼン構成が、重なることはあります。でも、本質的には別物です。企画書を詰める際の視点として「話し手が話しやすい」ことなど、考える必要はないのです。それはただ、本番で流暢にしゃべれないのを怖がっているだけ。**流暢でなくても良いので、しっかりと理解できるプレゼンを、クライアントは聞きたがっています。**

精神論に聞こえたら本意ではないのですが「後はスピーカーが話しやすいように」と言った瞬間に、チームは思考を放棄しています。最後の最後まで「聞き手が理解しやすい」ことを追求しましょう。

Method 75
『流暢』から卒業する

私が自身のプレゼンテーション技術を見つめ直すキッカケとなった出来事がありました。それは、会社で実施してもらった、講師をお招きしての研修です。講師の前で、実際の仕事で使った企画書を用いた模擬プレゼンを実施。それに対してフィードバックをもらうというものでした。私は、学生時代から人前で話すのはそれほど苦にならない性格で、周囲からも「鈴木さんはプレゼンが上手いですね」とよく言われており、少し自信を持っていました。講師の方を前にしても、特に緊張もせず、言い淀むところもなく、ハキハキと声の調子も適切なプレゼンができたと思っていました。仕事で使っていた企画書ですので、内容も論理構成もバッチリ。内心は「どうだ、わかりやすいだろう?」とさえ思っていました。ところが、返ってきたのは意外なフィードバックでした。

「鈴木さんのプレゼンは、確かに上手いです。流暢だし、淀みがない。でも、私は聞いていて不安になりました。それは、ドアの開かない特急列車に乗せられて、否応なく目的地まで一直線に連れていかれるような不安感です」

このフィードバックを聞いて、私は目から鱗が落ちました。良かれと思って、淀みなく流暢にプレゼンしていたのに、相手を不安な気持ちにさせていたなんて、思いもしませんでした。まさに、**「話し手が話しやすい」ことと、「聞き手が理解しやすい」ことを、混同していた**ことに気づかされたのです。もっと間を置いたり、相手の意見や反応を受け止めたり、名前を呼んであげたり、あえて「隙」をつくったり。そうすることで、相手は心を開き、本質的に伝えたいことを理解してくれるとアドバイスいただきました。

名人と言われる噺家の上手さは、「間」の取り方にあると聞いたことがあります。**「流暢」からの卒業。**それを意識したところから、私のプレゼンテーション技術は、一段上がったと自負しています。

ちなみに、その講師の方はアナウンサー出身なのですが、本番前の飲み物は絶対にお水で、コーヒーなどのカフェイン入り飲料はNGとおっしゃっていました。カフェインの作用でのどが締まるので、発声には良くないからだそうです。心を落ち着けるためにプレゼン前にコーヒーを飲む人もいるかもしれませんが、声が通りにくくなるのでご注意ください。私も絶対にお水にしています。

Method 76

不都合な真実を隠さない

実は聞き手はプレゼンを聞きながら、心のどこかで「チェリーピッキング」を疑っています。チェリーピッキングとは、話し手にとって都合の良い情報だけを提示し、不都合な情報はテーブルに載せないという議論の進め方を意味します。特にプレゼン時間が短い場合は、この疑いの心理傾向は強くなります。そしてクレバーな人ほど、「議論のテーブルに載っていないこと」に気がつきます。

おそらく、理路整然と流暢にプレゼンできるビジネスパーソンは多いと思いますが、必ずしも相手がそれを望んでいるわけではありません。その裏には**「語られていない不都合な真実がありやしないか」「だまされてなるものか」と身構える、聞き手の心理**があるのです。

ここに気づけるかどうかが、良きプレゼンターとして、一歩抜け出せるポイントになると思います。そして気づいたならば、対策が打てます。あえて自分に不都合な情報も提示して、相手が納得する説明を加えることで、かえって好印象を与えるというのが、その代表的な対策テクニックです。

Method 77

むずかしいことをやさしく、やさしいことをふかく

現代は、伝え方全盛の時代です。巷には「伝え方」「話し方」「説明」「プレゼン」にまつわる書籍や講座があふれています。基本的なテクニックはそちらで学んでいただいている前提で、私からは少し毛色の違う話をさせてください。

基本的にビジネスのプレゼンテーションは、伝えるべき提案内容そのものが「難しい」ので、伝え方は「易しく」が基本となります。「専門用語を使わない」や「例え話を使う」などが、それを実現するための手段です。そもそも構成がロジカルで筋道立っている必要があることは、言うまでもありません。「難しいことを易しく伝える」のが、わかりやすいプレゼンの基本であり、多くの場合は、それを意識するだけで大丈夫です。

ただ中には、伝えるべき内容自体はそれほど難しくない場合もあります。それほど難しくない内容を「易しく」伝えていたら、それは「何を当たり前のことを言っているのだ」「言わずもがなのことを繰り返すな」と、かえって悪い印象を与えてしまいます。つまり、伝えるべき内容の質によっては、伝え方も変える必要があり、「易しく」一辺倒ではいけない場合があるのです。内容が難しくない場合は、私はそれを「深さ」をもって伝えることを心がけています。

例を挙げましょう。「ドリルを買いに来た人が欲しいのは、ドリルではなく『穴』である」というフレーズを、聞いたことがある人も多いのではないでしょうか。これは、マーケティングに関する有名な格言のひとつで、要は「真のニーズを掴むことが大事だ」ということを伝えるものです。プレゼンテーションの場で、戦略プランナーが「真のニーズを掴むことが大事です」と、いくら声高に主張しても、聞き手は「当たり前のことを言っているなぁ」としか感じません。しかし、この格言を引用すると、聞き手は深い頷きとともに、真のニーズを掴むことの重要性を理解してくれます。この格言は、例え話の体裁で、ごくごく当たり前のことを、深みをもって伝えているのです。

作家の井上ひさしさんの言葉を引用します。「むずかしいことをやさしく、やさしいことをふかく、ふかいことをおもしろく、おもしろいことをまじめに、まじめなことをゆかいに、そしてゆかいなことはあくまでゆかいに」

私は座右の銘のような言葉を持たないタイプの人間ですが、この井上ひさしさんの言葉だけは、いつも大切にしています。広告というコミュニケーション産業に生きる私に、いつも重要な示唆を与えてくれるからです。広告や企画のつくり方の極意そのものでもあり、コミュニケーションの本質でもある。特に冒頭の「**むずかしいことをやさしく、やさしい**

ことをふかく」は、誰もが意識すべきプレゼンの真理だと思います。

「プレゼンはプレゼント」という格言もあります。これは、プレゼンは「相手にとって嬉しい贈り物」でなければならないことを示唆する言葉です。そして私は同時に「プレゼント（伝えるべき内容）を、より価値のあるものに感じてもらうには、その内容によって、ふさわしいラッピング（伝え方）がある」ということも、示唆していると感じています。

プレゼンとは、本当に奥が深いものですね。

Phase 8

フィニッシュ

さぁ、いよいよ提案直前です。プレゼンの弱点を補強するために、提案書は2日前には完成させましょう。直前だからこそ充分なリハーサルを。勝利の神は細部に宿ります。

Method 78

『会場レイアウト・環境・出席者』を正確に把握

会場の大きさ、形、座席の並び、出席者の人数、重要人物の着席位置、自社メンバーの着席位置などなど。プレゼンテーションの環境は、事細かに確認しておきましょう。それによって、プレゼンの声の大きさも、マイク使用の有無も、目線の置き所も変わってきます。プレゼンターが立つか座るかも事前に決めて、イメージトレーニングしておいた方がいいですね。本番で慌てないように、可能であれば、事前に下見をさせてもらうのがベストです。もちろん、当日会場に行ってみたら、思っていたのと違うということも起こります。いきなり会場が変更になることもあります。そのときは、慌てず柔軟に対応しましょう。

これらの事前確認は、主には営業パーソンの仕事だと思いますが、疎かにする方も多いのが実際のところです。もしかしたら「そこまでするの?」とお感じの読者も多いかもしれません。でも、まさに「**勝つ環境を整える**」ために、**絶対に必要な準備**であることを、より強調しておきたいと思います。

Method 79 『受け手のストレスがない』プレゼン方法を選ぶ

人は自分の今の気分に沿って物事を記憶したり、思い出したり、判断したりする傾向があります。これを「気分一致効果」と呼びます。落ち込んだときには、物事の悪い面ばかり見える。逆に嬉しいときには、良い面ばかりが見えるといった経験は、誰しもあるのではないでしょうか。心身の状態が思考に影響を与えるのはよくある話で、「空腹のときに良い（ポジティブな）アイデアは浮かばない」というのは、広告業界に伝わる格言です。

それはプレゼンの場面でも同じです。**聞き手の心身が良好なコンディションでなければ、提案内容のネガティブな部分ばかりが目につきやすくなります。**聞き手の気分はなかなかコントロールできるものではありませんが、少なくとも、ストレスを最小化することはできます。だから、受け手のストレスがないプレゼン方法を選択する必要があるのです。

最近では会議室の環境も整ってきたので、モニター投影のプレゼンが多くなってきたと思います。そこでいつも議論になるのが、手元に紙の企画書は必要か、必要ならいつ配るかです。たいてい「手元にも必要だけど、最初は配らず、プレゼンが終わったら配ろう」となるのですが、私は反対です。なぜなら、準備している紙を最初に配らないのは、先にページをめくられるのが、話し手の心理として嫌なだけだから。つまり、参加社側の理屈だからです。先にページをめくられて、大きなデメリットがあるのでしょうか？　クライアントは、メモを取りたい、聞き漏らしたところは戻って確認したいと思っています。それができないのはストレス以外の何物でもありません。無駄なストレスのないプレゼンで、提案内容のポジティブな部分に目を向けてもらった方が、はるかにメリットが大きいはずです。

順番を選べるなら、最初？最後？

ちなみに、自社の提案が何社目になるかは、なかなか重要なテーマです。最初にプレゼンできれば、フレッシュな状態で聞いてもらえますが、与件や前提条件をしっかりインプットする手間がかかります。一方、最後のプレゼンでは、相手は疲れ切っていることもありますが、与件や前提は嫌というほど確認しているので、すっ飛ばしていきなり核心部分から提案できたりもします。また、昼食後の提案は、どうしても眠くなりがちです。

しかし、順番はくじ引きやクライアントの指定で決まることが多く、自分たちでコントロールできるものではないので、気にしても仕方ないところではあります。ただ、もしプレゼンの順番を選べるなら、最初か最後が良いと思います。「初頭効果」や「近親効果」と呼ばれる心理効果が背景にあります。もちろん、絶対に最初であるべきだとか、最後であるべきだ、というものではありません。正解はないので、あくまでご参考までに。

Method 80 級数問題にご注意を

初頭効果

「人は相手を第一印象で認識する傾向がある」という心理効果のこと。会議などでは「最初に述べられた意見」がその場の意見を左右すると言われています。つまり、プレゼンでは「冒頭のつかみ」が重要。順番を選ぶなら最初が良い、ということです。

近親効果

「最後に与えられた情報でその人の印象が決定されやすい」という心理効果のこと。脳の短期記憶は容量が少ないために、後から入ってきた情報の方が記憶に残りやすいと言われています。つまり、プレゼンでは「最後のまとめ」が重要。順番を選ぶなら最後が良い、ということです。

先ほどのプレゼン環境にも関わりますが、意外とバカにできないのが、資料の文字の大きさ（級数）です。企画書をつくり込んだのはいいけど、相手が老眼で文字が見えなかった、という話もよく聞きます。役員や社長クラスが相手なら、年齢が高いだろうという前提で、なるべく文字は大きく。場合によっては、Ａ４ではなくＡ３の紙で出力するのも、ひとつの手段です。

最近では、リモート環境でのプレゼンも増えました。また、データを展開して、クライアント自身のＰＣで見ていただくことも増えました。結局のところ、プレゼン環境には様々なパターンがあるため、一律に適切な級数を定めることは難しいものです。だからこそ、**最小文字サイズは、本番のプレゼン環境で、自分の目で確認するのが、結局は安全**です。事前に会場の下見をさせてもらうのがベストと申し上げたのには、これを確認する意味もあります。

Method 81 リハーサルで『流れの確認』と『プレゼンの可視化』

提案書は本番の2日前には完成させ、プレゼンのリハーサル（プレリハ）は、必ず実施しましょう。その労力を惜しむ人、恥ずかしがってやらない人も多いですが、プレリハのメリットは大きいものです。

確認すべきは、プレゼンの流れと時間です。実際にやってみると、どうも「流れが淀むな」「つながりが悪いな」と感じる場所が、必ず見つかります。それは、プレゼンター個人のパートの中かもしれませんし、プレゼンターが交代するつなぎ目かもしれません。**提案を時間内に収めつつ、聞き手の理解を最大化するために、プレリハではどんどん意見をぶつけ合うべき**です。たとえプレゼンターが先輩やベテラン社員だったとしても、遠慮するのは負けフラグです。ここで言えなかったら、もう意見する場所はありません。

そして、プレリハを行う際は、**録画した映像で自身のプレゼンを可視化**することを、強くおススメします。自分を客観視できる、またとない機会です。「場つなぎ音」などと言われますが、「えー」「あのー」「まぁ」などの無駄な発声は耳障りですし、間延びした、頼りない印象を聞き手に与えてしまいます。録画を見てみると、いかに自分が「場つなぎ音」を連発しているのか、一目瞭然です。

私は以前、プレゼンをしているその場で、上司にこっそり場つなぎ音をカウントされたことがありました。もちろんパワハラではなく、教育の一環です。そしてお恥ずかしい話、一回のプレゼンで、何十回と連発していたことを知りました。自分では意識していても、客観的に示されないと、本当の気づきにはなりません。ベテラン社員も、定期的にチェックすることをおススメします。

「場つなぎ音」を減らすコツはいくつかありますが、簡単にできるのは2つです。ひとつは「沈黙を恐れない」ことです。スライドのページの切り替わりや、文章と文章の間などで、次に話すべき内容を思い出そうとする際に「沈黙」ができてしまうのが怖いという心理が、場つなぎ音連発の背景にあるからです。そしてもうひとつは、「えー」「あのー」「まぁ」と言いそうになったら、にっこり笑って、小さく「はい」と短く言い切ることです。「はい」は不思議で、耳障りな印象を与えずに、場面を切り替える効果をもたらしてくれます。

「えー」「あのー」「まぁ」は、声帯が震える有声音ですが、「はい」は、声帯が震えない無声音で発声できるのも、その理由だと思います。ぜひ意識して使ってみてください。

Method 82 テクリハをなめるな！

機材関係の動作確認を「テクニカルリハーサル（テクリハ）」と呼びます。しつこいくらいに、確認に確認を重ねましょう。リモート環境でのプレゼンも増えています。ＰＣのダブルスタンバイも含めて、念には念を入れて準備しましょう。誰のマイクをＯＮにし、誰のマイクをミュートにするか、それくらい細かい部分にまで神経を使うべきです。もし当日、ＰＣのフリーズが復旧せず、予定していたモニター投影のプレゼンができないならば、早々に紙のプレゼンに切り替えるなど、柔軟で素早い対応が求められます。そこまで想定しておきましょう。

心理学で認知バイアスと呼ばれるもののひとつに「ハロー効果」があります。ハロー効果とは、ある対象を評価するときに、目立ちやすい特徴に引きずられて他の特徴についての評価が歪められる現象のことです。「光背効果」「後光効果」とも呼ばれます。そして、ポジティブ・ハロー効果と、ネガティブ・ハロー効果とがあります。

クライアントは、参加社の段取りをつぶさに観察しています。そして、ネガティブ・ハロー効果により、**プレゼンの段取りが悪いチームは、仕事の段取りが悪いチームと見なされます。**些細なミスの割に、印象に与える影響が大きすぎる。まったくもって割に合いませんので、注意してもしすぎることはありません。

しかし、どんなに念入りに準備しても、どんなに機材が進化しても、ＰＣのフリーズや、資料が映らない、音が出ない、映像が止まる、充電が切れる、ネット接続が切れるなどのトラブルは、いまだになくならないのはなぜでしょうか。プレゼン七不思議のひとつです。

Method 83

直前の環境変化に目配せ

ニュースリリースが出ている、新ＣＭが流れている、新商品発表があった、業界的に新しいニュースがあった、社会情勢に変化があった、大きな事件があったなどなど、**プレゼン直前に情報環境が更新されていないかチェック**しましょう。プレゼン準備に没頭していると、つい世の中の変化に疎くなってしまいますが、せめて、前日にもう一度、クライアントの企業HPを見るくらいの余裕は欲しいものです。もし、大きな情報の更新があった場合でも、提案資料は変更できないかもしれませんが、話し方は変えられます。臨機応変に対応しましょう。

Method 84 『完璧なエグゼクティブサマリー』を準備

競合プレゼンは、年々複雑化しています。プレゼンも長時間にわたります。「エグゼクティブサマリー」と呼ばれる、提案の全体像や重要な論点などを整理しまとめたものを、必ず用意しましょう。モニターでのプレゼンなら、そのページを投影しながら質疑応答を進めると良いでしょう。クライアントの頭に残したい、本当に重要な主張をまとめる。良い読後感でプレゼンを締める。そのためにも、エグゼクティブサマリーの作成は必須です。

エグゼクティブサマリーの書き方にはコツがあります。**多くの場合、「自社の提案内容を簡潔にまとめる」のがサマリーと思われていますが、実のところ、それだけではクライアントにとって充分ではありません。なぜなら、提案を受け取った後の、検討会議や上申に必要な情報が決定的に欠けているからです。**

足りないのは、「**自社をどういう理由で選ぶべきか**」という、判断軸です。実はクライアントの担当者自身も「提案をどういう判断軸で選んだか」を上司から問われており、プレッシャーがかかっています。だからこそ、自らクライアントに、**自社の提案を選ぶ理由を明示してあげる（社内説明に使える武器を与える）ことが大事**になります。

自社の提案内容を簡潔にまとめたら、一度冷静に、客観的な視点に立って、「自社を採用した際のポジ／ネガ材料」を書いてみましょう。例えば、ポジ材料が「経験豊富なスタッフと安心の実行体制」だとします。逆にネガ材料が「フィーの高さ」だとします。本来はライバル社との比較論なので、この時点で正確にポジネガを把握するのは難しいのですが、肌感覚や経験値でわかる場合もあると想定して話を進めます。「フィーの高さ」というネガ材料を打ち消す対策として、「業務開始後1カ月でスコープと金額の見直しをする」「常駐を約束する」「ネット金額（仕入原価など）を開示して透明性を担保する」などが考えられます。そこまで準備すると、クライアント担当者は社内説明の武器を得られます。「A社は経験豊富なスタッフが担当してくれるので、プロジェクトの立ち上げをしっかりサポートしてくれます。フィーの高さが懸念点ですが、そこは、短いタームで定期的に金額を見直すことで無駄を省いていきます」と、社内で説明できます。

エグゼクティブサマリーも、結局のところ、クライアント目線で書けるか、クライアントの課題や論点に沿って書けるかが大事です。**「自社の提案のまとめ」に加え、「自社の採用理由（判断軸）」までを提示できるのが、完璧なエグゼクティブサマリー**です。

Method 85

『想定問答』で万全の対策を

想定問答まで用意できれば、準備は万端です。同時に、質問を受けたときにお見合いしないためにも、基本的に誰が答えるのかも、事前に想定しておきましょう。ただし、想定問答の作成は、意外と難しいものです。そこで、悪い想定問答と、良い想定問答の違いをご紹介します。

悪い想定問答

競合プレゼン作業にどっぷり関わっているメンバーが考えると、悪い想定問答になりがちです。なぜなら、自分たちに都合の良い質問、つまり、聞かれても答えられる質問しか考えつかないからです。人は無意識のうちに、自分の努力を正当化しようとします。苦労してつくりあげた提案が、悪いものにはどうしても思えませんし、思いたくもありません。そうなると、自分たちの欠点は見えにくくなります。結果、想定問答は「ぬるい」ものになりがちです。

その背景には「確証バイアス」があります。認知バイアスの一種で、自分にとって都合の良い情報ばかりを無意識的に集めてしまい、反証する情報を無視したり集めようとしなかったりする傾向のことを言います。自分たちの提案＝説を支持する情報しか目に入らなくなるのが人の性。競合プレゼン作業に関わりの深い人物が想定問答をつくること自体が、そもそも役割分担ミスなのです。

良い想定問答

良い想定問答をつくりたいなら、競合プレゼンに関わりが浅い人物に考えてもらいましょう。そうすることで、無意識のうちに頭から外していた「そもそも論」や、テーブル外からの「論理矛盾」を指摘してもらえます。「仕方ない」と諦めていたことはないか？社内や業界で当然視されている「思い込み」はないか？　暗黙のうちに「無理」と決めつけ選択肢から外していたことはないか？「それは想定していなかった！」「見落としていた！」という質問に事前に触れておくことで、本番で鋭い質問を受けても、焦らず対処できるようになります。ここで重要になるのが、あえて難癖をつける人（＝悪魔の代弁者）の存在です。

Method 86

『悪魔の代弁者』を立てる

「悪魔の代弁者」という言葉をご存知でしょうか？　もともとはカトリック教会の用語だったようです。ディベートでは、多数派に対してあえて批判や反論をする人。ビジネスでは、

「ある主張の妥当性を明らかにするために、あえて批判や反論をする人」とされています。わかりやすく言うと**「あえて難癖をつける人」**です。ここで言う「あえて」とは、もともより性格が天邪鬼で批判的な人ということではなく、「役割」として意識的に立ち振る舞うという意味です。想定問答をつくる際に、この悪魔の代弁者を立てて、様々な角度から提案内容に「難癖」をつけてもらいましょう。これで準備は万端です。

ただし気をつけてほしいのは、「悪魔の代弁者」になってくれた人へのケアです。少し話は逸れますが、天気予報が雨の際に、それを伝えた気象予報士に腹が立った経験はありませんか？　あるいは、会社上層部が決めた「ボーナスカット」を伝えてくる中間管理職の上司に、怒りの感情が湧き起こったことはありませんか？　当たり前の話ですが、天気という自然現象を決めているのは、あくまで地球環境そのものであって、気象予報士ではありません。ある程度の「予測」はするものの、基本的に、気象予報士に天気の決定権はありません。また、中間管理職の上司にも、「ボーナスカット」を決める権限はありません。それにもかかわらず、「悪い知らせを伝える者は疎まれる」のです。その人が悪い知らせの原因ではないとしても、その悪い知らせと結びついているということだけで、知らせを聞いた人々の嫌悪感を刺激してしまいます。

ちなみに私が「悪魔の代弁者」を担ったときも、この被害にあいました。プレゼンのメンバーたちに、あえて厳しい指摘を投げかけていたら、「何で君はそんなこと言うの?」と、怒られたのです。もちろん、想定問答のために、あえてそうしていたわけですが、相手は「プレゼン前日に提案を否定された」「空気の読めない嫌なやつだ」と思ったようです。「チームのためにわざとやっている」ことを、周囲に知っておいてもらうことも大事だと痛感しました。くれぐれも、人間関係を壊さないようにご注意ください。

Phase 9 当日

泣いても笑っても、本番はやってくる。やはり最後は「プレゼン」が勝負の鍵を握ります。総合プロデューサーとして本番を仕切りましょう。勝ちにこだわる執念で、勝率を1%でも上げていきましょう。

Method 87 プレゼン招聘のお礼より『提案のポイント』

「この度は、競合プレゼンに参加させていただき、誠に感謝いたします」なんていうお礼ほど、無駄な時間はありません。仮に30億円の扱いになる案件だとして、「3分間の意味のない話で30億を失う」と思えば、中身がスカスカの挨拶など必要ないことがわかるでしょう。

そんな意味のない言葉を吐くよりも、冒頭で提案のポイント（聞きどころ）を予告しましょう。「当たりのマッサージ師」のエピソードを覚えていますか？　**相手に集中してほしいポイントをあらかじめ伝えつつ、期待感をMAXに持っていく**のが、ベストなプレゼンの入り方です。場の空気を和ませようと、無理に笑いをとる必要はありません。

Method
88 クライアントの『表情』と『ペンの動き』を観察

プレゼンターは自身のプレゼンに集中してもらえれば良いのですが、それ以外の方は、休んでいてはいけません。間違っても、クライアントと一緒になって「うんうん」と、プレゼンターの話に聞き入らないでください。提案内容なんて事前にわかっているわけですから。

やるべきことは、クライアントの表情と、ペンの動きの観察です。**どこで笑い、どこで眉をひそめ、どこで手が動いたのか。どこで感情が動き、どこに興味を示したのか。**その反応を記録しておきます。そうすることで、プレゼン後の取材や、事後のプッシュ活動、追加提案に備えましょう。

昨今のオンライン提案では、聞き手の反応を感じにくいとの声をよく聞きます。カメラをオフにされてしまえば、聞き手の様子をうかがい知ることはできませんし、カメラのオンを要請することもなかなか難しいものです。その場合はもう、仕方ないと割り切りましょう。そして、リアルでの提案以上に、質疑応答の時間を長めにとっておき、そこで会話のキャッチボールをしながら、相手の反応を見るようにすべきです。

Method 89

質疑応答は『2 on 1』

いくらでも準備ができるプレゼンテーションとは違い、何が飛んでくるかわからない質疑応答は、いつもドキドキします。これればかりは、慣れるものではありません。回答者の地力が試されます。でも「質疑応答は2 on 1」つまり、質問者1人に対し、回答者2人（以上）のチームプレイで答えると決めておけば、少し気が楽になります。

質疑応答は、つい「1 on 1」と認識しがちです。戦略については戦略プランナーが。見積もりについては営業が。といった具合に、質問者vs各領域の責任者という構図になりがちです。それ自体は間違っていないですし、質問に対する最初の回答は責任者がすべきですが、そこに、**2人目が別の角度から追加の回答を加える**ことを意識してみてください。1人目の回答が仮に的を射ていなくても、2人目のフォローがあることで、別の角度から解釈が深まる、といったことはよくあります。最初の回答者は責任重大ですし、何より緊張します。質問者の意図を正確に理解するのも難易度が高い作業ですし、そもそも、質問下手な人もいます。だからこそ、2人目が冷静にフォローしてください。そうすることで、クライアントに与える印象は、劇的に良くなります。

これは実際に私がよくやる手ですが、最初の回答者が少し質問からズレた回答をした際は、「おそらく、ご質問の意図と少しズレているかもしれませんね」と、身内の回答者に対して、あえてツッコミを入れるのも、ひとつのテクニックです。一見すると、身内を背中から刺したように思われるかもしれませんが、クライアントからは「わかっているなこのチーム」との印象を持ってもらえます。質疑応答はチームプレイと肝に銘じましょう。

Method 90 思い切って、質問の意図を問い返す

質疑応答についてもうひとつ。質疑応答で焦ってしまったり、的外れなことを回答してしまったりする原因のひとつに、「質問者の意図を汲みきれていない」ことがあります。質問の裏には、必ず質問者の「意図」があります。しかし厄介なことに、質問者はその意図を話してくれないことが多いのです。

質問を受けると、つい焦って即答しないといけない気持ちになります。しかし、**意図を汲み取れないままに回答をしても、質問者の満足度は高まりません。**「そういうことが聞きたかったんじゃないけどな～」「ちょっとズレてるな～」という微妙な表情をしながら、口では「わかりました。ありがとうございます」と言って、その場は終わってしまいます。

例えば、「この見積もり金額は概算ですか？」と、漠とした質問が飛んできたとします。この質問を聞くだけだと、裏にある意図は特定しきれません。他社と乖離があるので、そ

の理由を確かめたいのかもしれません。過去実績と乖離があるので、疑いの眼差しを向けているのかもしれません。金額の多寡ではなく、予算が変動して社内手続きの手間が増えることを気にしているのかもしれません。もしかしたら、実施後に予算オーバーしてもめないように、上司がいる前で釘を刺しておきたいのかもしれません。どの意図で質問されているかによって、適切な回答は異なります。

だから、思い切って質問の意図を問い返してみましょう。「ご質問は、◯◯を確認したいという意図で間違いないでしょうか？」と、当たりをつけて問い返してもいいです。また、まったく意図が掴めない場合は、勇気を持って「ご質問の意図は何でしょう？」と、ストレートに問い返してみても良いと思います。そうすると、質問者も「言葉が足りなかったな」「意図が伝わっていなかったな」と思い直し、より言葉を尽くして質問してくれるようになります。

質問に質問で返すことを、失礼だと思う人も中にはいるようですが、目的は建設的なコミュニケーションを取ることですので、遠慮する必要はありません。意図を問い返し、一度相手にボールを返すことで、自分の頭を整理する時間稼ぎにもなります。**焦って的外れな回答をしてしまう前に、意図を問い返す**ことを心がけましょう。

また先述の通り、オンライン提案の場合は、質疑応答が唯一のコミュニケーションの場です。相手の表情が見えないからこそ、質問の意図を聞き返す。そして、単なる一往復の質疑応答ではなく、キャッチボールの質疑応答を心がけましょう。「質疑」を超えて、「議論」に持ち込んでしまうのもひとつの手段です。むしろ、本質を突く質問が来た際には、大いに議論すべきです。**質問に回答するのではなく、質問をきっかけに議論する。**それが、リモート時代の質疑応答です。

Method 91

プレ直後にフォロー&追いプレ・再プレは自ら打診

プレゼンが終わったら、競合プレゼン終了ではありません。クライアントは、むしろここからが本番です。間違っても「これでゆっくりできますね」なんて言ってはいけません。プレゼン後から決定に向けた会議が始まりますが、その「前」に、フォロー情報や追加資料を差し込みましょう。**プレゼンの場では伝えきれなかったこと、もしかしたら誤解されているかもしれないことなどを、スピード命で差し込むことが大事です。**

（後日でも構いませんが）プレゼンの余韻が残っているうちに、提案の感想をヒアリングしましょう。自社はもちろん、ライバル社の印象も情報収集します。ここでもレイヤー営業を実践して、複数のソースから情報を得るようにしましょう。採否の確度を知りたいなら、なるべく決定権者に近いソースから取材すべきです。

ヒアリングの結果、もしクライアントが何か懸念を抱いていることがわかったら。何らかの理由で、クライアントが即採用を決められないとしたら。その場合は、**自ら進んで追加提案の旨を打診します。**言われてからやるのと、言われる前にやるのとでは、印象が天と地ほど違います。中には、追加提案をお願いするのは気がひけると、遠慮がちなクライアントさんもいます。ここも、スピードが命です。最後の押し込みで勝率は上がります。追いプレ・再プレまでやったら、後は運を天に任せましょう。

Method 92 できればその日に反省会

ただの飲みたがりではありません。鉄は熱いうちに、というやつです。アルコールはなくてもいいので、プレゼンの印象が残っているうちに、クライアントの反応を共有しておきましょう。プレゼンターが把握できる聴衆の数には、限りがあります。現場担当も含めたクライアント全員の反応を、メンバーで共有しておきましょう。

また、プレゼンテーションスキル向上のために、プレゼンの出来栄えや改善点などは、その場で指摘してあげるべきです。間を空けて指摘されるよりも、当日の余韻が残っているうちの方が、指摘を正確に受け止められます。**「思い出補正が入る前に」**が、ポイントです。

最も大事なことは、**メンバー全員の頑張りを労う**ことです。チームへの貢献は、目に見える数字に表れるとは限りません。だからこそ、言葉にしてあげましょう。

Phase 10

検証

もちろん勝てれば万々歳ですが、負けても次につながる動きをすることで、次の勝率は上がります。**負けた直後から、次の競合プレゼンは始まっているのです。**

仮説を積み上げ、勝つための努力を積み重ねて実施した提案ならば、それは負けても「良い敗退」です。そして「良い敗退」からは「良い反省」が生まれます。他社情報も含め、敗因分析を行いましょう。勝ちっぱなしもダメですが、負けっぱなしはもっとダメ。**「組織知」にしていく**ことが肝心です。レイヤー営業で、複数のソースから敗因を取材しましょう。

Method 93 敗退を告げられても、一回粘ってみる

「今回は他社さんに決めました」と敗退を告げられたら、そのまま簡単に引き下がっていないでしょうか？　ダメでもともと、「その決定は、何があっても絶対に覆りませんか？」と、一回粘ってみましょう。駄々をこねろと言っているわけではありません。一回粘ってみることは、意外な効果をもたらすのです。

例えば、よくよく聞いていくと、他社の勝利が「条件付き勝利」の場合があります。「この体制が組めるなら」「この見積もり金額なら」との条件付きで、採用されているようなケースです。また、採用社に対しても、１００％の信頼を寄せていない場合もあります。つまり、「採用社を決めて、実行に移ってみたけど、すぐに上手くいかなくなった」という状況が起こり得るのです。そうなると、すぐに声をかけてくれる可能性があります。

熱い粘りの姿勢を見せてくれたところには、別の案件を依頼してくれる可能性もありま

すし、そうやっていただいた仕事に懸命に取り組んでいれば、信頼と評価を得て、次のチャンスをくださることもあります。粘って悪いことはひとつもありません。**「試合に負けて、勝負に勝った」は起こせます。**簡単に引き下がるよりも、粘る方が圧倒的にかっこいいビジネスパーソンだと思います。

Method 94 『それっぽい理由』で簡単に納得しない

敗退理由をクライアントに聞く際に注意したいのは、1~2個の「それっぽい理由」を聞いて、簡単にわかった気になってしまうことです。基本的に、勝利も敗北も、複層的に要因が絡み合った結果であり、勝因も敗因も「たったひとつ」ではなく「たくさん」あるというのが、本書のスタンスです。クライアントも、せっかく提案してくれた相手に不採用を告げるのは、心理的に抵抗があります。だから、敗退理由のヒアリングに際し、気を使って、あまり多くを言わない傾向もあるのです。そうなると、「断りやすい理由」「言いやすい理由」で、その場を収めようとします。当たり障りのない理由だな、建前っぽいなと感じたら、もっと突っ込む必要があるのです。

その際、書籍『無敗営業』で推奨しているのは、「決定の場面を問う」ことです。決定の「理由」ではなく、**「どの瞬間に勝敗が決したか」という「事実」を問う**というものです。

例えば、「途中まで色々と迷われたかと思いますが、どの瞬間に他社に決まったのでしょうか？」「どの瞬間に心が動きましたか？」と問いかけます。プレゼンの順番にもよりますが「御社のプレゼン直後です」となったら、自社が地雷を踏んでいた可能性があります。今後のために、何が地雷だったのかをしっかり把握しておきましょう。「採用社のプレゼン直後です」であれば、他社の提案が飛び抜けて優れていた言えるでしょう。どこが良かったのかを詳しく聞き出しましょう。「会議で議論して」であれば、会議出席者に刺さるポイントがあったことになります。誰が何を評価したのか、押さえておきましょう。「資料をじっくり見て」であれば、資料記載の内容が良かったと推察できます。具体的にどのページが良かったのかを聞き出しましょう。

Method 95 『ひとつの視点』より『あらゆる角度』から分析する

実は、敗因分析の方法は、皆さんは本書で既に身につけています。クイズでやったように、考え得る原因をすべて洗い出す、というシンプルなものです。なぜ「すべて」洗い出すのかというと、**競合プレゼンの勝利も敗北も、複層的に要因が絡み合った結果**だからです。

第一部5章で、「単一原因の誤謬《ごびゅう》」という話をしました。物事は「多くの要因」が重なった結果として起こるものですが、「たったひとつの原因」だけを求めたがる心理傾向のことです。ハンス・ロスリングらによるベストセラー書籍『FACTFULNESS《ファクトフルネス》』の中では、「世界はひとつの切り口で理解できる」という思い込みを「単純化本能」と呼んでいます。

「誰かひとり」「何かひとつ」に原因を求めるのは、正しい理解・分析を妨げます。

ここで改めて、第一部5章でご紹介した「勝負の世界観」を振り返っておきます。

○勝利も敗北も、複層的に要因が絡み合った結果である。
○勝因も敗因も「たったひとつ」ではなく「たくさん」ある。
○提案の中身だけでは勝負は決まらない。
○オリエンを受ける前から、プレゼンが終わった後まで。そのすべての時間の過ごし方が競合プレゼンであり、そのプロセスすべてが勝敗に影響する。
○無数の落とし穴を回避した先に、勝利が待っている。

あくまで「多面的に」「あらゆる角度から」が基本であることを肝に銘じましょう。

Method
96 『生贄』探しより『仕組み』探し

「他者」の行為は「内的要因（能力や性格）」に帰属されやすく、「自分」の行為は「外的要因（状況や環境）」に帰属されやすいことが知られています。これを「行為―観察者バイアス」と呼びます。例えば、知らない人を友人と見間違えたとき、他人がしたのなら「うっかりしているなぁ」と思い、自分がしたときには「すごく似ていたからだ」と言いたくならないでしょうか？　このようなバイアスがあるので、敗因分析において「他者」の行為を検討する際には、ついつい「その人の能力や性格」のせいにしてしまいがちです。こうなると生贄探しになってしまいます。

『FACTFULNESS《ファクトフルネス》』の中では、「誰かを責めれば物事は解決する」という思い込みを「犯人探し本能」と呼んでいます。でも実際は、誰かを責めても、他の原因に目が向かなくなり、将来同じ間違いを防げなくなります。大事なことは、犯人や生贄を探すのではなく、トラブルや失敗に至った「仕組み」を特定し、それを解決することです。誰かのせいにして、自分のせいではないと思いたいのは、人の性です。しかし、たとえ敗因が個人的な問題に起因していたとしても、個人的な問題の裏には、必ず「仕組み」が関わっています。そこを特定し、解決していかないと、いつまでも個人的な問題のまま。他の場所で、別の誰かが同じミスをやらかします。**「組織知」にするということは、「仕組み」の問題に落とし込むということ**なのです。

仕組みの問題に落とし込む際に気をつけたいのは、**「なぜ?」ではなく「なにがあった?」を問う**ことです。原因究明においては「なぜ?」の問いを繰り返していけと教わったかもしれません。しかし、実は人に対して「なぜ?」を使うと、相手は責任を追及されている

問いかけは「なぜ？」ではなく「なにがあった？」

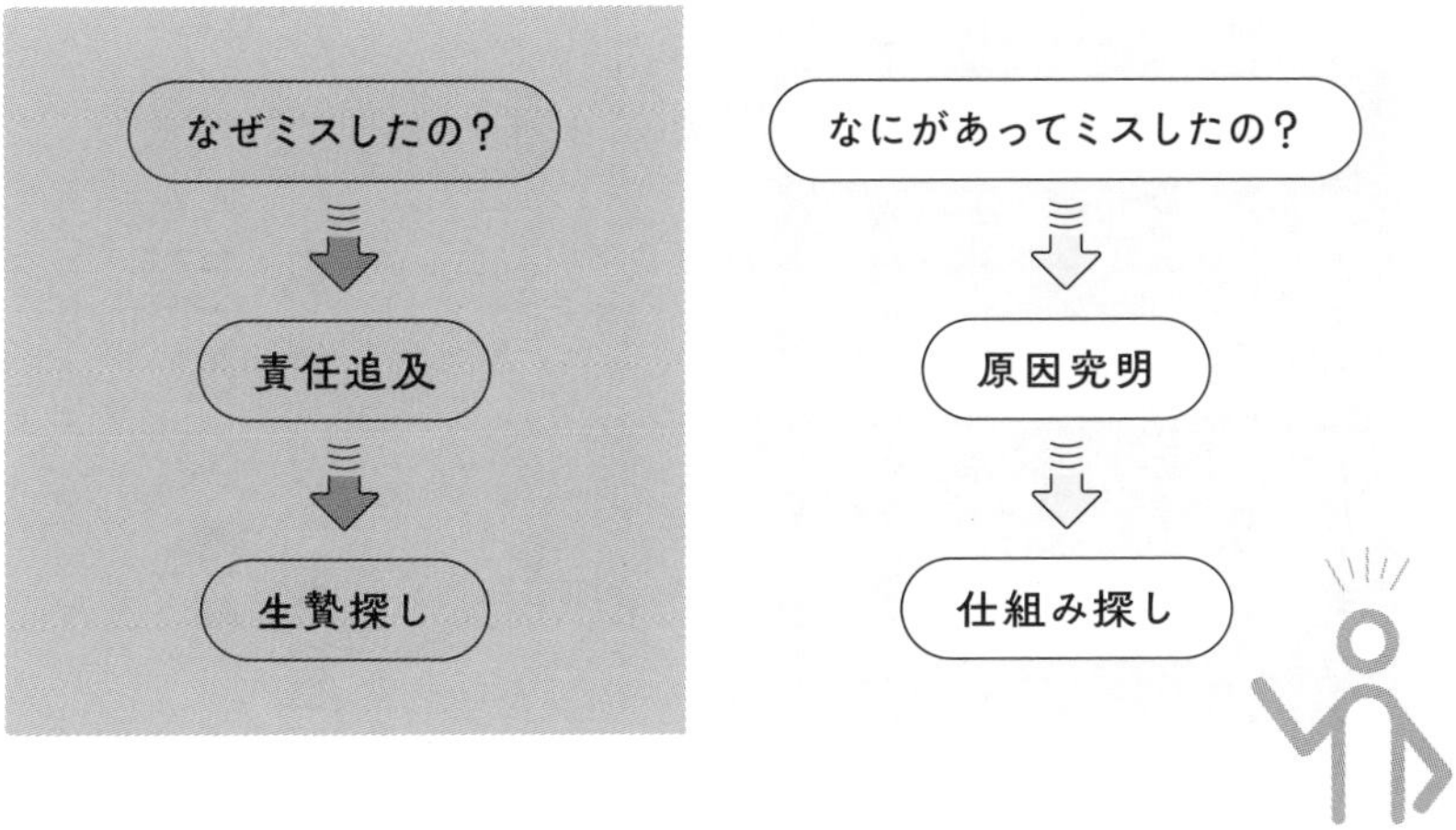
なぜミスしたの？
責任追及
生贄探し
なにがあってミスしたの？
原因究明
仕組み探し

と感じ萎縮してしまいます。そこで、「なぜ」を「なに」に変えて、「なにがあってそうなってしまったか？」と問いかけてみましょう。

仮に「Aさんの判断ミス」を分析の出発点とします。「なぜAさんが判断ミスをしてしまったのか？」だと、Aさんは萎縮して「ごめんなさい、以後気をつけます」となってしまいます。そこで、「なにがあってAさんはミスしてしまったか？」と問います。すると、「資料に誤解を招く表現があったから」→「なにがあって誤解を招く資料になってしまったのか？」→「オリエン情報の伝達にニュアンスの違いがあったから」→「そのニュアンス違いをなくすにはどうしたら良いか？」→「オリエンを録音させてもらう」というように、仕組みの問題に落とし込むことができるのです。

Method 97 『心理的安全性』を担保し『たられば』を言い合う

「心理的安全性」とは、職場で誰に何を言っても、どのような指摘をしても、拒絶されることがなく、罰せられる心配もない状態のことを言います。役職・年齢抜きで。できれば少人数で。安心して意見が言える環境を用意しましょう。チームを分けて、複数回にわたって敗因分析を行うことも効果的です。そして何より、あなた自身が「ゴキゲン」でいることが大事です。負けたからといって、不機嫌そうにしていては、相手は心を開いて話をしてくれません。ゴキゲンでいることは、会話量・情報量を増やすための前提条件です。

心理的安全性を担保した上で、「たられば」や「結果論」をどんどん言い合います。あのときこうしていたら勝てたかも……。結果論だけど、こうすべきだったな……。そんな、行動ベースの「もしもあのとき」を言い合うことで、多面的な敗因をリストアップしましょう。上司・部下、先輩・後輩という関係性だと、つい、一方通行の「お説教」になってしまいがちですが、理想は双方向のフィードバックです。**「フィードバックは経営資源」**という格言もあるくらい、業務の振り返りや検証は、今後の成長に欠かせない要素です。難しいかもしれませんが、ひとまず役職や年齢は抜きにして、話し合いの場を設けましょう。

Method
98 『神の視点』と『人の視点』

たられればを言い合う際には、２つの視点で考えることをおススメします。ひとつは「神の視点」です。自分のことは棚上げし、俯瞰で全体を見渡した視点で、ある種無責任に発言してみるのです。あのチームの、あの判断が良くなかった。あのとき、違う方向に行っていればなぁ……といった具合です。まるで他人事に聞こえても構いません。大事なことは、**想像力を働かせ、他者の動きの意味や効果を見つめ直す**ことです。

もうひとつは「人の視点」です。これは、他人のせいにするという意味ではありません。俯瞰の視点を持つ神の対極。つまり、**自分に落とし込み、自分の責任として考える**、ということです。自分はどうすべきだったか？　なぜ負けフラグを見逃してしまったのか？　気づいていたけど、なぜもっと強く指摘できなかったのか？　ターニングポイントはどこだったのか？　もう一度この競合プレゼンをやり直せるなら自分はどうするか？　そうやって、「自分にできたはずだったこと」を振り返るのです。神の視点で出したポイントを、なぜなぜと繰り返して、深掘っていくイメージです。

「神の視点」と「人の視点」、この2つの視点で分析することで、2倍の速度で成長を促しましょう。

Method 99 他人に言い、すぐに使って、血肉にする

頭の中にため込んだ情報は、アウトプット（発信）しないとすぐに忘れてしまいます。一般的に、行動に落とし込んだ方が、学習定着率は高まると言われています。ひとつの競合プレゼンで得られた知見を、まずは文字に落とし込む。そして、周囲に話す。社内で勉強会を開くのも、定着率向上に役立つでしょう。

そして何より、**次の実戦（競合プレゼン）ですぐに活用する**ことが、最大の学びとなります。「学ぶ」の語源は「真似る」「まねぶ」から来ていると言われます。本書で得られた知識も含め、徹底的に「真似て」みてください。**思考で行動を変えるより、行動で思考を変える方が簡単**だと言われます。他人の経験であっても、さも自分の経験かのように取り込み、真似てしまうことで、それはあなたの血肉となります。

おわりに

「勝つ環境を整えるメソッド」で、ビジネスパーソンとしての成長を

競合プレゼンで勝利するためには、お題に直接答えるための「提案の中身をつくる方法論」もさることながら、純粋に提案の中身で勝負できるところまで、チームを引き上げるための、「勝つ環境を整える方法論」も重要であるというのが、本書で伝えたかったことです。提案の中身をつくる方法論は日々変化していくので、アップデートし続ける必要があります。しかし、勝つ環境を整える方法論は、一度身につけてしまえば、比較的長い期間、使い続けることができます。提案の中身をつくる方法論に加えて、本書で勝つ環境を整える方法論を身につけて、接戦をモノにできるビジネスパーソンへと進化していきましょう。

競合プレゼンに強い人は、クライアントを考え抜ける人

これは第一部1章でお話ししたことです。「クライアントをとことん考え抜く」とは、言い換えれば、オリエンの根底にある課題（真のイシュー）を捉え、「本質」を突く提案をす

ることです。決して、クライアントの癖やパターンに合わせて「迎合」することではありません。ご紹介してきたメソッドの数々、その根底を貫く思想は、徹底した「クライアント目線」「クライアント理解」であると、お感じいただけたでしょうか。**結局のところ、自社に利益をもたらそうとするその営みは、徹底した顧客主義へと帰結するのかもしれません。「本質」のふりをした「自己都合」の提案は卒業し、相手の立場に立って本質を貫く提案をする。**この意味するところについて、本書を読む前よりも理解が深まっていると信じています。

リモート時代の競合プレゼン

ビジネス環境はどんどん進化しています。リモートワークもだいぶ定着しました。競合プレゼンも、リモートでの実施が増えてきていると感じます。リモートプレゼンは、非言語情報（身振り手振り）が削ぎ落とされるので、人物の印象に左右されず、より提案の中身をフラットに議論できる環境になるかもしれません。上座も下座もないので、リアルの場では発言権のなかった新人のひと言に、クライアントの社長が影響を受けるようになるかもしれません。出席者の人数制限がなくなり、百人以上を相手にしたプレゼンが増えるかもしれません。プレゼンの様子が録画されて、上申資料として活用されるかもしれません。

講演のような形式で、プレゼンの最中に質問をチャット欄に投げてもらうことが一般化するかもしれません。北海道にあるクライアントの競合プレゼンに、九州が地元の企業が参加するなど、競合環境が変わってくるかもしれません。

競合プレゼンは、日々進化しています。そしてこの瞬間も、様々な場面で競合プレゼンが開かれています。もし読者の皆様から、たくさんの「勝因／敗因分析」が集まったら、本書の内容は、さらにアップデートされていくでしょう。そういった意味も込めて、100個目のメソッドは

Method

100 競合プレゼンを心から楽しむ

にしたいと思います。「プレゼンはプレゼント」と申し上げました。プレゼントをもらう側はもちろん嬉しいですが、あげる側も実は、贈り物を選んでいるとき、渡すときに、心が躍りますね。そのワクワク感や熱量が伝わることが、相手への最大のプレゼントになると思います。

試され、比較され、負けることの方が圧倒的に多いのが、競合プレゼン。だからこそ、**心から楽しんで、面白がって業務に取り組むことで、変化に柔軟に対応できるようになっていくはずです。**最後は精神論になってしまいましたが、何より大切な姿勢だと思います。ひとりでも多くの読者が、次の競合プレゼンが楽しみになってくれることを願いつつ、メソッドの伝授はこれで最後です。

勝てない日々が続いても、チャンスはまた巡ってきます。本書でご紹介した心構えやメソッドの数々が、皆様の勝利に貢献できるなら、こんなに嬉しいことはありません。明日からの実務ですぐにご活用、お役立ていただけたら幸いです。次の勝利を心から祈っています。

素晴らしい競合プレゼンを増やし、社会を良くしよう

競合プレゼンという制度自体に賛否はあれども、おそらく今後も、この仕組みはなくなることはないでしょう。であれば、今日も日本中で（世界中で？）行われているこの**競合プレゼンという制度を、より生産的に、より意義深いものにしていくことで、社会の発展に貢献できる**のではないかと、私は真剣に考えています。

第一部3章で、「良い競合プレゼンは、クライアントと参加社の双方でつくりあげるものです」と申し上げました。おそらく今後、素晴らしい競合プレゼンを増やすために、改善すべきは3点あります。

①参加社がより良い提案をする能力を高める
②クライアントがより良い競合プレゼンを開催する能力を高める
③公平公正で持続可能な競合プレゼンを開くために、業界でガイドラインをつくる

今の私にできることは①だと考え、その知見を余すところなく、本書でお伝えしてきたつもりです。②については現在、マーケティング支援／コンサル企業様が、クライアント側に入り込んで、組織教育も含め、頑張っている領域かと思います。加えて今後、もしかしたら、参加社側の私の視点から、②に貢献することもできるかもしれません。そして、やはり③のルールづくりは、遅れている業界も多いと言わざるを得ないでしょう。競合プレゼンに参加する側の業界として、ガイドラインを整備することも必要です。また、クライアント側が、業界ルールを整備しても良いかと思います。いずれにしろ、競合プレゼンが「相手を搾取して自分が得をする」制度になってはいけません。**全員がメリットを享受**

し、**相互に高め合えるようになって初めて、持続可能な制度になる**のだと思います。

競合プレゼンを「コモンズの悲劇」にしないために

コモンズの悲劇とは、「共有地の悲劇」とも呼ばれる、経済学における法則です。多数者が利用できる共有資源が乱獲されることによって、資源の枯渇を招いてしまうことを意味します。もともとは自然環境の破壊を指して使われていたようですが、時代とともにより一般化されて「ある個人の利益を求めた合理的な行動が、全体にとっては不利益となること」を指すようになっています。「社会的ジレンマ」とも言うようです。

実は「コモンズの悲劇」が、競合プレゼンにも起きているのでは？　というのが、私が最近立てた仮説です。ひとつの案件に複数の企業が参加し、多くの労働力を費やして、採用されるものはたったひとつ。そういう視点に立つと、**「競合プレゼンという、ある企業の利益を求めた合理的な行動が、日本全体の労働力という資源の枯渇を招いており、社会全体にとって不利益になっている」**と考えられないでしょうか。

そもそも競合プレゼンは、豊富な労働人口に支えられてきた制度なのかもしれません。総務省の国勢調査によると、経済活動の主な担い手となる生産年齢人口（15〜64歳）は、2020年で7508万7865人となり、ピークだった1995年に比べて13・9％少ないそうです。解決すべき問題が山積みで、しかも労働人口が減少する現代日本において、もしかしたら、これまでの競合プレゼンは成立しなくなるのでは？　とも思ったりします。

競合プレゼンという制度のあり方そのものも、変わっていくタイミングなのかもしれません。そんなテーマでも、皆さんと議論していけたらと思います。

本書が、素晴らしい競合プレゼンを増やし、社会の発展に貢献できることを願って。

謝辞

多くのビジネスチャンスを与えてくださった、クライアント企業の皆様に。皆様の事業にかける熱い想いがなければ、そもそも競合プレゼンは開かれていません。

何度もぶつかりあった、ライバル会社の皆様に。皆さんに勝ちたくて、勝ちたくて。そのモチベーションがあったから、今の私がいます。

生意気な自分に、たくさんの挑戦と、たくさんの勝ち負けを経験させてくれた、ADKという会社に。業界3位というポジションが、本書に説得力を与えてくれました。

競合プレゼンをともに戦い、何度も同じ釜の飯を食った、上司、先輩、同僚、協力会社の皆さんに。あえて戦友と呼ばせてください。皆さんの血と汗と涙で、本書はできています。

「大輔なら本書けるよ」と、書籍執筆の着想ときっかけを与えてくれた、FACTの仲間たちに。これからもたくさんの競合プレゼンの依頼があると思いますが、とてもやりづらくなりましたね（笑）。まだまだこれから一緒に成長していきましょう。

執筆素人の私を最後まで面倒見てくださった、宣伝会議の上条慎様に。コラムをはじめ、本書のプロデュースまで、何から何まで的確なアドバイスと、完璧な進行をしてくださいました。本当にお世話になりました。

内容の精査にご協力いただいた皆様

ＬＩＯＮ横手弘宣様。クライアントの視点で、本書により高い視座と志を与えてくださいました。

ＰwＣコンサルティング林秀光様。コンサルティング業界の視点で、本書に広告業界に留まらない幅広い視野を与えてくださいました。

ＡＤＫグループ左右田有樹様、松永健様、鈴木菜々子様、ＦＡＣＴ三寺雅人様、佐伯善虎様。同業者のリアルな視点で、本書に奥行きと熱量を与えてくださいました。

心より御礼申し上げます。

そして、本書をお読みいただきました皆様に、ダウンロード特典として「競合プレゼンクイックスタートシート」をご用意しました。プレゼン戦略構築にあたり、最低限チェックすべき項目を網羅しています。自社の勝ち筋を議論する業務フェイズである「キックオフミーティング」にてご活用いただければ幸いです。

また、巻末付録として「メソッドリスト」もご用意しました。ご紹介した全100種のメソッドが、一般的にどのようなスキルセットに該当するのかを整理しています。俯瞰的な目線で学び直しをする際のガイドとしてご活用ください。何より、競合プレゼンを安定して勝ち抜くには、様々なスキルセットが必要なのだと、改めて感じていただけたらと思います。

本書の感想、競合プレゼン業務のお悩みについてのご相談は、こちらまでお寄せください。
daisuke@fact.tokyo.jp

購読者限定
特典

競合プレゼンに役立つ以下のテンプレートを
購読者限定で無料で使用することができます。

競合プレゼン クイックスタート シート

p328-331

PowerPoint版のため、適宜加工してお使いいただけます。なお、本書p328-331と内容は同じですがデザインは異なりますので、あらかじめご承知おきください。

ダウンロード方法

下記URLまたはQRコードからアクセスし、
質問で指定するワードを入力してください。
本書を読めば回答が可能です。

https://sendenkaigi.com/pitch

本件に関するお問合せ： 宣伝会議 書籍編集部　shoseki-henshu@sendenkaigi.co.jp

ご注意 ●ダウンロードしたテンプレートのデータは個人的使用の範囲に限らせていただきます。著作権者の許可なしに複製・転載・再配布をすることはご遠慮ください　●諸般の事情により、予告なしにテンプレートの提供を終了する場合がありますので、あらかじめご了承ください。

参考文献

『無敗営業』高橋浩一 著（日経BP）
『FACTFULNESS』ハンス・ロスリング／オーラ・ロスリング／アンナ・ロスリング・ロンランド著、上杉周作／関美和 訳（日経BP）
『ビジネススキル図鑑』堀公俊 著（日経BP）
『天才を殺す凡人』北野唯我 著（日経BP）
『仕事の教科書』北野唯我 著（日本図書センター）
『ワークショップ・デザイン』堀公俊／加藤彰 著（日本経済新聞出版社）
『The Art of Marketing マーケティングの技法』音部大輔 著（宣伝会議）
『実務家ブランド論』片山義丈 著（宣伝会議）
『手書きの戦略論』磯部光毅 著（宣伝会議）
『影響力の武器』ロバート・B・チャルディーニ著、社会行動研究会 訳（誠信書房）
『情報を正しく選択するための認知バイアス事典』情報文化研究所 著（フォレスト出版）
『Think Smart』ロルフ・ドベリ著、安原実津 訳（サンマーク出版）
『事実はなぜ人の意見を変えられないのか』ターリ・シャーロット著、上原直子 訳（白揚社）
『武器になる哲学』山口周（KADOKAWA）

『外資系コンサルが教えるプロジェクトマネジメント』山口周（大和書房）
『イシューからはじめよ』安宅和人著（英治出版）
『自分のことは話すな』吉原珠央著（幻冬舎）
『サラリーマン合気道』箭内道彦著（幻冬舎）
『空気を読む脳』中野信子著（講談社）
『人は、なぜ他人を許せないのか？』中野信子著（アスコム）
『世界の「頭のいい人」がやっていることを1冊にまとめてみた』中野信子著（アスコム）
『「説明が上手い人」がやっていることを1冊にまとめてみた』ハック大学ぺそ著（アスコム）
『対比思考』小柴大輔著（ダイヤモンド社）
『グローバル・モード』児玉教仁著（ダイヤモンド社）
『世界一のプロゲーマーがやっている努力2・0』ときど著（ダイヤモンド社）
『プレゼン資料のデザイン図鑑』前田鎌利著（ダイヤモンド社）
『佐久間宣行のずるい仕事術』佐久間宣行著（ダイヤモンド社）
『「静かな人」の戦略書』ジル・チャン著、神崎朗子訳（ダイヤモンド社）
『時間最短化、成果最大化の法則』木下勝寿著（ダイヤモンド社）
『1秒で答えをつくる力』本多正識著（ダイヤモンド社）
『Deep Skill』石川明著（ダイヤモンド社）

『あの人はなぜ、東大卒に勝てるのか』津田久資 著（ダイヤモンド社）
『マーケティングの鬼100則』永井竜之介 著（明日香出版社）
『文章の鬼100則』川上徹也 著（明日香出版社）
『どこでも成果を出す技術』沢渡あまね 著（技術評論社）
『オンラインコミュニケーションの教科書』一般社団法人オンラインコミュニケーション協会 著（かんき出版）
『進化思考』太刀川英輔 著（海士の風）
『3分でわかる ロジカル・シンキングの基本』大石哲之 著（日本実業出版社）
『39歳からのシン教養』成毛眞 著（PHP研究所）
『マッキンゼーで当たり前にやっている「働き方デザイン」』大嶋祥誉 著（三笠書房）
『最先端研究で導きだされた「考えすぎない」人の考え方』堀田秀吾 著（サンクチュアリ出版）
『コンペティションのガイドライン』公益社団法人日本グラフィックデザイン協会

オリエン日時

プレゼン日時／順番／形式

案件テーマ

Authority①（意思決定者）

プレゼン出席者に✓

- 最終決定者：
- キーパーソン：
- 決定関与者：
- 社外：

Authority②（意思決定方法） 重複可能

- 採点制
- 投票制
- 多数決・合議制
- 調査
- 社内上申後幹部決定
- 資料提出
- ワンマン
- その他

Competitor（競合他社／期待値）

- 競合他社：
- 現在順位：
- 期待値／評価：

Human resources（クライアント人員体制）

- 主幹部署：
- 人数：
- 経験値：

Needs②（競合プレゼンに至った背景）

社内人員体制／プレゼンオーナー

競合プレゼンクイックスタートシート

案件概要	起案部署／起案者	記入日
	クライアント名／主幹部署	
BANTCH	Budget（予算） • 予算： • 過去実績： • 価格競争力：	
	Timing（スケジュール） • 採用： • 検討： • 実施：	
	Needs ①（競合プレゼンの課題）	
プレゼン戦略	勝ち筋	

※テンプレート（PowerPoint版）がダウンロードできます。詳しくは324ページをご確認ください。

オリエン日時

2023年6月1日 14：00～

プレゼン日時／順番／形式

2023年7月1日 15：00～16：30／3社目／リモート

案件テーマ

Xブランド　2024年春期　ブランドコミュニケーション　パートナー代理店選定

Authority①（意思決定者）

プレゼン出席者に✓

- **最終決定者：**〇〇社長
- **キーパーソン：**〇〇取締役
- **決定関与者：**CD事業部長／CD事業部員4名 ✓
- **社外：**〇〇コンサルティング ✓

Authority②（意思決定方法）　重複可能

- 採点制
- 投票制
- 多数決・合議制
- 調査
- 社内上申後幹部決定
- 資料提出
- ワンマン
- その他

CD事業部内で取りまとめの上、執行役員会議にて最終決定

Competitor（競合他社／期待値）

- **競合他社：**P社（現行）、Q社、R社
- **現在順位：**本命P社、対抗Q社、弊社は3番手
- **期待値/評価：**担当歴の長いP社は現場からの評価は高いが上層部からは不満／Q社は若者に強いとの評価

Human resources（クライアント人員体制）

- **主幹部署：**CD事業部
- **人数：**4名
- **経験値：**現場担当者にSNS運用の経験値はない

Needs②（競合プレゼンに至った背景）

現行のP社は担当歴が長く社内事情にも精通しているため、現場担当はスイッチコストを懸念して、代理店の変更には反対の意向。一方で、長い付き合いによる見積もりの不透明さが原因で、執行役員以上には不満が募りつつある。一度、若者に強いと評判のQ社に声をかけてみたが、見積もりが高い印象だった。そこで競合プレゼンを実施することに。弊社はフットワークの軽さを買われて競合に呼ばれた。

社内人員体制／プレゼンオーナー

- 若者に強い戦略プランナー：〇〇氏
- SNS運用に明るいスタッフ：〇〇氏
- フットワークの軽い若手営業（出向）：〇〇氏
- プレゼンオーナー：〇〇氏

競合プレゼンクイックスタートシート【 記入例 】

案件概要

起案部署 / 起案者

第1営業本部 第2営業局 / 鈴木大輔

記入日

2023年6月3日

クライアント名 / 主幹部署

AB株式会社 / CD事業部

BANTCH

Budget（予算）

- **予算：**3,000万円
- **過去実績：**類似案件を3,500万円で実施
- **価格競争力：**競合他社より少し価格優位性あり（しかし大きな差はつけられない）

Timing（スケジュール）

- **採用：**プレゼン実施から約2週間後に採用社決定
- **検討：**2023年8月よりプロジェクト開始
- **実施：**2024年4月ローンチ予定

Needs ①（競合プレゼンの課題）

Xブランドの抜本的な立て直しがテーマ。ターゲットの高齢化、および、少子化の影響で、徐々に売上が下がっている。ターゲットを若返らせることを目的に、これまでのマス広告偏重の手法から、SNSを上手く活用したコミュニケーション施策に転じたい。しかし、担当者にSNSの知見がない。ローンチ時の施策案の面白さもさることながら、その後の運用やPDCAを重視。

プレゼン戦略

勝ち筋

- 現行P社の不満を潰す提案（コストの透明性を担保するためネット開示）
- 現場のスイッチコストの心配を払拭する、手厚い営業サポート体制（営業出向）
- 対抗Q社と同レベルの若者やSNS運用への知見にあふれた提案
- SNS運用に強い印象を与えるための、若いチーム編成

※テンプレート（PowerPoint版）がダウンロードできます。詳しくは324ページをご確認ください。

メソッド番号	メソッド見出し	キーワード	スキル系統
Method 92	できればその日に反省会		プロジェクトマネジメント系

Phase 10 検証

Method 93	敗退を告げられても、一回粘ってみる		営業行動系
Method 94	『それっぽい理由』で簡単に納得しない		営業行動系/情報収集系
Method 95	『ひとつの視点』より『あらゆる角度』から分析する	単一原因の誤謬《ごびゅう》/単純化本能	分析・学習系
Method 96	『生贄』探しより『仕組み』探し	行為―観察者バイアス/犯人探し本能	分析・学習系
Method 97	『心理的安全性』を担保し『たられば』を言い合う	心理的安全性	分析・学習系
Method 98	『神の視点』と『人の視点』		分析・学習系
Method 99	他人に言い、すぐに使って、血肉にする		分析・学習系

おわりに

Method 100	競合プレゼンを心から楽しむ		セルフマネジメント系

メソッド番号	メソッド見出し	キーワード	スキル系統
Method 81	リハーサルで『流れの確認』と『プレゼンの可視化』		営業行動系/プレゼン系
Method 82	テクリハをなめるな!	ハロー効果/光背効果/後光効果	営業行動系
Method 83	直前の環境変化に目配せ		営業行動系
Method 84	『完璧なエグゼクティブサマリー』を準備		提案ロジック構築系/プレゼン系
Method 85	『想定問答』で万全の対策を	確証バイアス	提案ロジック構築系
Method 86	『悪魔の代弁者』を立てる	悪魔の代弁者	提案ロジック構築系

Phase 9 当日

メソッド番号	メソッド見出し	キーワード	スキル系統
Method 87	プレゼン招聘のお礼より『提案のポイント』		プレゼン系
Method 88	クライアントの『表情』と『ペンの動き』を観察		情報収集系
Method 89	質疑応答は『2on1』		思考系/プレゼン系
Method 90	思い切って、質問の意図を問い返す		思考系/プレゼン系
Method 91	プレ直後にフォロー&追いプレ・再プレは自ら打診		営業行動系

メソッド番号	メソッド見出し	キーワード	スキル系統
Method 69	『一貫性』と『残しどころ』を追求		提案ロジック構築系/プレゼン系
Method 70	『同一主張、同一図形、同一色』の法則		提案ロジック構築系/プレゼン系
Method 71	『わかりやすい』は大正義	認知的不協和の解消	提案ロジック構築系/プレゼン系
Method 72	クライアントの『単語』を使う		提案ロジック構築系/プレゼン系
Method 73	『イエス3回』で同意を引き出す	イエスセット話法/一貫性の法則	提案ロジック構築系/プレゼン系
Method 74	自分が話しやすい≠相手が理解しやすい		提案ロジック構築系/プレゼン系
Method 75	『流暢』から卒業する		提案ロジック構築系/プレゼン系
Method 76	不都合な真実を隠さない	チェリーピッキング	提案ロジック構築系/プレゼン系
Method 77	むずかしいことをやさしく、やさしいことをふかく		提案ロジック構築系/プレゼン系

Phase 8 フィニッシュ

Method 78	『会場レイアウト・環境・出席者』を正確に把握		営業行動系
Method 79	『受け手のストレスがない』プレゼン方法を選ぶ	気分一致効果/初頭効果/近親効果	営業行動系
Method 80	級数問題にご注意を		営業行動系

メソッド番号	メソッド見出し	キーワード	スキル系統
Method 57	『もったいないオバケ』に打ち克つ!	サンクコストバイアス/コンコルド効果	意思決定系
Method 58	『甘美な正論』にご注意を		意思決定系
Method 59	企画の100本ノックより、1回のヒアリング		意思決定系/情報収集系
Method 60	質問会で掴むのは修正の『方向性』と『距離感』		意思決定系/情報収集系
Method 61	ジャンプの高さを見極める		意思決定系/情報収集系
Method 62	『考え方』より『具体』を当てる		意思決定系/情報収集系
Method 63	『ネタバレ』を気にしすぎない		意思決定系/情報収集系
Method 64	否定されたらチャンスと思え		意思決定系/情報収集系
Method 65	『それ、以前検討したことあるんです』を回避せよ		意思決定系/情報収集系

Phase 7 企画書&プレゼン

Method 66	オリエンシート百回　其の二		提案ロジック構築系/プレゼン系
Method 67	『PREP法』と『SDS法』を使い分ける		提案ロジック構築系/プレゼン系
Method 68	『一番かゆい場所』を最初に掻く		提案ロジック構築系/プレゼン系

メソッド番号	メソッド見出し	キーワード	スキル系統
Method 46	『決め打ち』はNG『一貫性』に囚われない	一貫性の法則	会議系/思考系
Method 47	会議で動かすのは『口』より『手』	ファシリテーション・グラフィック	会議系/思考系

Phase 5 判断と連携

Method 48	『判断』と『人間関係』は混ぜるな危険		会議系/思考系
Method 49	ホワイトボードで『人物』と『意見』を切り離す		会議系/思考系
Method 50	会えない時間は『テキスト』で議論		会議系/思考系
Method 51	オリエンシート百回　其の一		会議系/思考系
Method 52	専門用語や略称は、普段から必要最低限に		会議系/思考系
Method 53	全体会議であえて『摩擦』を起こす	タックマンモデル	会議系/プロジェクトマネジメント系
Method 54	『ボトルネック』の作業時間を確保	TOC（Theory of Constraints）：制約理論	会議系/プロジェクトマネジメント系
Method 55	『具体化』になるべく時間を残す		会議系/プロジェクトマネジメント系

Phase 6 軌道修正

Method 56	『修正可能なタイミング』を見誤らない	正常性バイアス	意思決定系

メソッド番号	メソッド見出し	キーワード	スキル系統
Method 34	自社と他社への『ぶっちゃけた期待値』を知る		提案ロジック構築系/情報収集系
Method 35	『人員体制』を知って『BANTCH』をコンプリート	BANTCH	提案ロジック構築系/情報収集系
Method 36	『読後感からの勝ち筋』を逆算する	バンドワゴン効果/スノッブ効果	提案ロジック構築系
Method 37	チームに『キャラ設定』をする		提案ロジック構築系
Method 38	『オリエン返し』の成功確率を判断する		提案ロジック構築系
Method 39	ファウルの『境界線』を引く		提案ロジック構築系
Method 40	『プレゼンオーナー』の決定と宣言		プロジェクトマネジメント系

Phase 4 ストーリーづくり

メソッド番号	メソッド見出し	キーワード	スキル系統
Method 41	提案書の『スケルトン』を真っ先に準備		会議系/思考系
Method 42	『提案ストーリー』を早期にイメージ	仮説思考	会議系/思考系
Method 43	勇気を持って『1st Week Answer』を出す		会議系/思考系
Method 44	『完璧じゃないと動けない病』から脱却する	クイック＆ダーティー	会議系/思考系
Method 45	アイデアは温めない		会議系/思考系

メソッド番号	メソッド見出し	キーワード	スキル系統
Method 23	『ラップアップ会議』で認識一致	デフォルトモードネットワーク	思考系/プロジェクトマネジメント系
Method 24	『事実』と『意見』は混ぜるな危険		思考系/プロジェクトマネジメント系
Method 25	メンバーに『期待』を寄せ、『意義』を語る	ピグマリオン効果/教師期待効果/ローゼンタール効果	プロジェクトマネジメント系
Method 26	チームメンバーの『お見合い』を防ぐ		プロジェクトマネジメント系
Method 27	もう戻れない『ゲート』を決める		プロジェクトマネジメント系

Phase 3 キックオフミーティング

Method 28	キックオフで議論するのは『プレゼン戦略』のみ		提案ロジック構築系/プロジェクトマネジメント系
Method 29	『プレゼン目標』を決めて『ビジョン共有』		提案ロジック構築系/プロジェクトマネジメント系
Method 30	『意思決定方法』を知る、ゼッタイ	デフォルト効果/現状維持バイアス	提案ロジック構築系/情報収集系
Method 31	『意思決定者』を知る、ゼッタイ		提案ロジック構築系/情報収集系
Method 32	意思決定者の『ハンマー』を知る	If all you have is a hammer, everything looks like a nail	提案ロジック構築系/情報収集系
Method 33	意思決定者の『裁量範囲』を知る	OATHの法則	提案ロジック構築系/情報収集系

メソッド番号	メソッド見出し	キーワード	スキル系統
Method 11	『オリエン前仮説』を持つ		思考系
Method 12	『ピュアなひとりの生活者』であれ		思考系
Method 13	オリエン前後の『人格』を使い分ける	感情移入ギャップ/Cold-Hot Empathy Gap	思考系
Method 14	キースタッフは先手必勝		プロジェクトマネジメント系
Method 15	スタッフィングはもめてナンボ!		プロジェクトマネジメント系
Method 16	スタッフィングの勇み足には注意!		プロジェクトマネジメント系
Method 17	上司を動かせ、タダだから		プロジェクトマネジメント系

Phase 2 オリエン/直後

Method 18	『オリエン前仮説』を検証しながら聞く		思考系
Method 19	オリエンシート『以外』の情報にアンテナを張る		情報収集系
Method 20	徹底的な質問攻めでオリエンの『裏側』を問う		情報収集系
Method 21	オリエンを『簡易プレゼン』にする		情報収集系
Method 22	アホのふりして『用語の定義』を確認		情報収集系

競合プレゼン メソッドリスト100

メソッド番号	メソッド見出し	キーワード	スキル系統

Phase 0 兆し

メソッド番号	メソッド見出し	キーワード	スキル系統
Method 1	競合プレゼンは『日常業務の延長線上』	単純接触効果/ザイオンス効果/返報性	営業行動系
Method 2	既存チームの『不の棚卸し会議』をする		営業行動系
Method 3	『自主提案』で定期的に換気する		営業行動系
Method 4	キーパーソンの変更には『即・速』対応		営業行動系
Method 5	『レイヤー営業』で競合の兆しを見抜く		情報収集系
Method 6	相手の『1～2つ上の役職』を意識して話す		情報収集系
Method 7	相手の『1～2つ上の組織』の課題を掴む		情報収集系
Method 8	奥の手は『社内競合』で競合回避		営業行動系

Phase 1 オリエン前

メソッド番号	メソッド見出し	キーワード	スキル系統
Method 9	オリエンシートを一緒につくり『背景』を掴む		情報収集系
Method 10	背景を掴むとは『不』を掴むこと		情報収集系

〈著者紹介〉
鈴木大輔（すずき・だいすけ）

FACT／ADKクリエイティブ・ワン 戦略プランナー
2006年ADK入社。競合プレゼンの存在すら知らなかった営業時代を経て、2010年より戦略プランナーとして大阪へ。一転して競合プレゼン三昧の3年間を過ごし、勝率5割を達成。ところが東京に戻ってからは、思うように勝てない日々が続く。業界3位の広告会社で苦しみながら戦い抜いた10年以上に及ぶ経験と、百を超える競合プレゼンで溜め込んだ知見を、競合に勝つための方法論として体系化。2019年、クリエイティブブティック「FACT」の立ち上げに参画。東京大学大学院教育学研究科修士課程修了。

競合プレゼンの教科書
勝つ環境を整えるメソッド100

発行日　2023年3月25日　初版第一刷発行

著　者　鈴木大輔
発行者　東 彦弥
発行所　株式会社宣伝会議
〒107-8550 東京都港区南青山3-11-13
TEL.03-3475-3010(代表)
https://www.sendenkaigi.com/

アートディレクション　細山田光宣
デザイン　鎌内 文、杉本真夕(細山田デザイン事務所)
印刷・製本　シナノ書籍印刷株式会社

ISBN978-4-88335-576-1

宣伝会議の書籍

パーパス・ブランディング

「何をやるか？」ではなく、「なぜやるか？」から考える

齊藤三希子 著

国内外の有力企業が注目する「パーパス」について、注目される背景と日本企業が取り組むにあたってのポイントを、ブランドコンサルティングの第一人者が記したパーパス・ブランディングの教科書。スターバックスコーヒージャパン水口貴文社長のインタビューを収録。

■本体1800円＋税　ISBN 978-4-88335-520-4

オウンドメディア進化論

ステークホルダーを巻き込みファンをつくる！

平山高敏 著

「キリンビール公式note」立ち上げに携わり、キリンの情報発信戦略を担う筆者が、オウンドメディア立ち上げの「適切なアプローチ」から、継続できるオウンドメディア運用のポイントを解説。マーケティング・広報部門で自社情報の発信を担当する人は必読の一冊。

■本体2000円＋税　ISBN 978-4-88335-555-6

伝説の授業採集

好奇心とクリエイティビティを引き出す

倉成英俊 著

正解のない問題に、あなたはどう解答しますか。自称「伝説の授業ハンター」の著者が、家庭や企業、国内と海外、有名と無名など、カテゴリーと時空を超えて採集した「伝説の授業」20選。凝り固まった「思考バイアス」がほぐされ、新しい発想を手に入れることができる。

■本体1900円＋税　ISBN 978-4-88335-550-1

地域の課題を解決するクリエイティブディレクション術

田中淳一 著

感覚に頼らず、自治体やローカル企業のプロジェクトを成功に導く、クリエイティブディレクションの方法論。全国38の都道府県で自治体や企業の課題解決に取り組んできた筆者が、地域ならではの事情を踏まえ、アイデアから実行に至るまで、豊富な事例を交え解説する。

■本体1800円＋税　ISBN 978-4-88335-529-7

詳しい内容についてはホームページをご覧ください　www.sendenkaigi.com

宣伝会議 の書籍

クロスカルチャー・マーケティング
日本から世界中の顧客をつかむ方法
作野善教 著

海外の消費者や国内に住む外国人、訪日旅行客を見据えたマーケティングの考え方、組織づくり、市場・顧客分析、クリエイティブなどについて解説。国内市場の成熟が進むなか、日・米・豪で企業のマーケティングを支援してきた筆者による、これからの日本企業への指南書。

■本体２０００円＋税　ISBN 978-4-88335-559-4

ユーザーファーストの新規事業
社内の資産で新たな成長の種をまく
中村慎一 著

パナソニックや損保ジャパンで新規事業の開発を手がけてきた筆者が、実体験をもとに企画立案から経営資源の集め方、他社とのアライアンスの具体的手法に至るまで、そのノウハウを余すことなく公開する。事業の立ち上げに携わる人は必携の一冊。

■本体１８００円＋税　ISBN 978-4-88335-553-2

広告ビジネスは、変われるか？
テクノロジー・マーケティング・メディアのこれから
安藤元博 著

高度情報社会の到来を受け、またメディア環境が激変する中で、広告産業における真のデジタルトランスフォーメーションとはどうあるべきなのか。総合広告会社で広告ビジネスの新たなモデル構築に挑む著者が、自身の取り組みをもとに近未来を予測しながら考察する。

■本体１８００円＋税　ISBN 978-4-88335-549-5

顧客起点のマーケティングＤＸ
データでつくるブランドと生活者のユニークな関係
横山隆治・橋本直久・長島幸司 著

広告・マーケティング部門に求められるＤＸの考え方と具体的なアプローチについてまとめた一冊。ＤＸの目的を「顧客体験をデジタルで最適化すること」ととらえ、テレビＣＭの効果の可視化や生活者データの扱い方、ＳＮＳの浸透で変わる購買行動について解説する。

■本体１８００円＋税　ISBN 978-4-88335-545-7

宣伝会議 の書籍

マーケティングの技法
The Art of Marketing

音部大輔 著

メーカーやサービスなど、様々な業種・業態で使われているマーケティング活動の全体設計図「パーセプションフロー・モデル」の仕組みと使い方を解説。消費者の認識変化に着目し、マーケティングの全体最適を実現するための「技法」を説く。ダウンロード特典あり。

■本体2400円+税

ISBN 978-4-88335-525-9

なぜ「戦略」で差がつくのか。
戦略思考でマーケティングは強くなる

音部大輔 著

意味や解釈が曖昧なまま多用されがちな「戦略」という言葉を定義づけ、実践的な思考の道具として使えるようまとめた一冊。P&G、ユニリーバ、資生堂などでマーケティング部門を指揮・育成してきた著者が、ビジネスの現場で戦略を使いこなす方法について指南する。

■本体1800円+税

ISBN 978-4-88335-398-9

実務家ブランド論

片山義丈 著

ブランドをつくる現実的な方法を、長年にわたって企業のブランディングを担当してきた実務家ならではの視点でまとめ上げた一冊。企業や商品が持っている価値を正しく伝えるために本当に必要なことは。ビジネスの現場で実践するためのポイントを徹底解説する。

■本体1800円+税

ISBN 978-4-88335-527-3

手書きの戦略論
「人を動かす」7つのコミュニケーション戦略

磯部光毅 著

コミュニケーション戦略を「人を動かす人間工学」と捉え、併存するコミュニケーション戦略・手法を7つに整理。その歴史変遷と考え方を〝手書き図〟でわかりやすく解説。各論の専門書に入る前に、体系的にマーケティング・コミュニケーションを学ぶことができる。

■本体1850円+税

ISBN 978-4-88335-354-5

詳しい内容についてはホームページをご覧ください　www.sendenkaigi.com